초보자를 위한 마케팅 수업

MARKETING

마케팅 불변의 법칙

초보자를 위한

마케팅 수업

CLASS

백광석 지음

다온길

머리말

마케팅의 세계는 끊임없이 변화하고 있습니다. 저도 마케팅을 처음 공부하기 시작했을 때 그 변화의 속도와 범위에 압도되곤 했습니다. 당시 마케팅을 이해하고 그 안에서 나아가기 위해서는 어려운 이론과 끊임없이 업데이트되는 전략들을 습득해야만 했습니다. 하지만 그 과정에서 저는 중요한 깨달음을 얻었습니다. 바로 복잡하고 어려운 마케팅 개념들도 쉽고 명확하게 전달할 수 있다는 것이죠.

이러한 경험을 바탕으로 저는 마케팅을 처음 접하는 분들에게 이 복잡한 분야를 좀 더 쉽고 이해하기 쉬운 방식으로 전달하고자 이 책을 쓰게 되었습니다. 저와 같이 어려움을 겪었던 이들이 마케팅의 세계로 한 발짝 더 쉽게 다가설 수 있도록 돕고 싶습니다.

예를 들어 농심의 신라면 브랜드 전략은 전 세계적으로 한국 라면의 맛과 품질을 알리는 데 큰 역할을 했습니다. 이는 지속적인 제품 개발과 함께 전략적 브랜딩이 어떻게 전 세계 소비자들의 입맛을 사로잡을 수 있는지를 보여줍니다.

아마존의 타깃 마케팅 사례처럼 소비자의 구매 이력과 행동 데이터를 분석하여 개인화된 쇼핑 경험을 제공함으로써 고객 충성도를 높이고 매출을 증대시키는 전략도 있습니다.

이 책은 마케팅의 기본적인 이론부터 시작하여 실전에서 성공적으로 적용된 다양한 마케팅 사례까지 균형 있게 다루고 있습니다. 이론적인 지식만으로는 실제 시장에서 발생하는 다양한 상황들을 이해하고 대응하기 어려우므로 실제 기업들이 어떻게 마케팅 이론을 적용하여 성공을 거두었는지에 대한 사례를 상세히 설명하고 있습니다.

이 책이 마케팅에 대한 여러분의 첫걸음이 될 것이라고 확신합니다. 마케팅의 세계가 처음에는 어렵고 벅차 보일 수 있지만 이 책을 따라 한 걸음씩 나아가다 보면 여러분도 곧 마케팅에 대한 기초적인 지식과 자신감을 느끼게 될 것입니다.

여러분이 이 책을 통해 마케팅의 기본을 탄탄히 다질 수 있길 바라며 여러분의 사업이나 경력에 있어 큰 도약을 이루는 데 이 책이 작은 도움이 되기를 소망합니다. 기억하세요, 모든 위대한 여정은 첫걸음으로부터 시작됩니다. 지금 바로 그 첫걸음을 내디뎌 보세요. 여러분의 마케팅 여정에 항상 행운이 있기를 바랍니다.

백광석

CONTENTS

PART 3
소비자 이해와 타깃팅

PART 4
제품과 가격 결정

PART 1

마케팅의 이해

1장

●

마케팅이란 무엇인가?

마케팅은 기업이 소비자의 필요와 욕구를 충족시키기 위해 시장 조사부터 판매 및 홍보 전략에 이르기까지 종합적인 접근을 취하는 전략적 활동입니다.

이 과정은 제품 판매를 넘어 소비자와의 지속적인 관계를 구축하는 것을 목표로 하며 디지털 시대에는 새로운 도구와 플랫폼을 활용합니다.

마케팅의 핵심은 시장과 소비자의 변화에 유연하고 창의적으로 대응하여 소비자의 삶을 풍요롭게 하고 기업 가치를 높이는 것입니다.

마케팅의 정의

마케팅이란 단어를 들었을 때, 많은 사람이 떠올리는 것은 광고나 홍보일 겁니다. 하지만 실제로 마케팅의 범위와 영향력은 훨씬 광범위하며 기업의 성공에 있어 핵심적인 역할을 합니다.

마케팅의 시작은 시장 조사에서부터 비롯됩니다. 시장 조사는 마케터들이 소비자의 필요와 욕구, 그리고 그들의 행동 패턴을 이해하기 위해 수행하는 활동입니다. 이 과정에서는 다양한 조사 방법이 사용될 수 있는데 이는 설문조사, 인터뷰, 포커스 그룹, 소셜 미디어 분석 등을 포함합니다. 이를 통해 마케터는 타겟 시장을 정의하고, 그들이 무엇을 가장 중요하게 생각하는지, 어떤 문제를 해결하고 싶어 하는지에 대한 심층적인 이해를 얻게 됩니다.

시장 조사를 통해 얻은 정보는 제품이나 서비스의 개발 과정에 직접적으로 활용됩니다. 마케터와 제품 개발팀은 소비자의 요구를 충족시키거나 때로는 그들이 필요로 하는 것이 무엇인지조차 모르고 있던 새로운 해결책을 제공하기 위해 협력합니다. 이 과정에서 중요한 것은 창의성과 혁신입니다. 시장에 이미 존재하는 제품들과 차별화되며 동시에 소비자의 삶에 진정한 가치를 추가할 수 있는 제품을 만드는 것이 목표입니다.

제품이나 서비스의 가격 책정은 마케팅 전략에서 매우 중요한 부분입니다. 가격은 소비자가 제품을 구매할 때 고려하는 주요 요소 중 하나이며 이는 제품의 가치 인식과 직접적으로 관련이 있습니다. 마케터는 경쟁사의 가격, 생산 비용, 타겟 고객의 구매력 등 여러 요소를 고려하여 제품의 적정 가격을 결정합니다. 이 과정에서는 제품의 가치를 적절히 반영하면서도 가능한 많은 사람이 접근할 수 있도록 하는 균형을 찾는 것이 중요합니다.

제품이 시장에 출시되면 이를 타겟 고객에게 알리는 일이 남아 있습니다. 이를 위해 마케터는 다양한 채널과 매체를 활용하여 제품의 특징과 장점을 알립니다. 전통적인 광고 매체뿐만 아니라 소셜 미디어, 인플루언서 마케팅, 콘텐츠 마케팅 등 다양한 방법을 통해 메시지를 전달할 수 있습니다. 각 채널은 고유의 특성과 타겟 오디언스를 가지고 있으며, 마케터는 이를 이해하고 최적의 채널을 선택해야 합니다. 예를 들어 젊은 세대를 대상으로 한 제품이라면 소셜 미디어 캠페인이 효과적일 수 있습니다. 반면 전문가나 특정 산업을 타겟으로 하는 제품이라면 전문지 광고나 산업 박람회 참가가 더 적합할 수 있습니다.

마케팅의 또 다른 중요한 측면은 고객 관계 관리CRM입니다. 제품 판매는 시작에 불과하며 진정한 마케팅은 제품을 구매한 후에도 고객과의 관계를 지속해서 유지하고 발전시키는 데 있습니다. 이를 통해 고객 충성도를 높이고 장기적인 고객 가치를 창출할 수 있습니다. CRM은 개인화된 커뮤니케이션, 고객 피드백 수집, 문제 해결 지원 등을 포함하여 고객 경험을 개선하는 다양한 활동을 포함합니다.

마지막으로 마케팅 활동의 효과를 지속적으로 분석하고 최적화하는 것이 필수적입니다. 마케팅 캠페인의 성공 여부를 평가하고, 어떤 전략이 효과적이었는지, 어떤 부분이 개선되어야 하는지를 파악하기 위해 데이터 분석이 활용됩니다. 이는 마케팅 전략을 지속적으로 조정하고 발전시켜 나가는 데 도움을 줍니다. 또한 시장 변화와 소비자 행동의 변화에 민감하게 반응하여 마케팅 전략을 적시에 조정할 수 있게 합니다.

 마케팅은 단순히 제품을 판매하는 것을 넘어서 시장과 소비자를 깊이 이해하고, 지속적인 관계를 구축하며, 변화하는 환경에 민감하게 반응하는 복잡한 과정입니다. 이 모든 것은 소비자에게 진정한 가치를 제공하고 동시에 기업의 성장과 발전을 지원하는 것을 목표로 합니다.

시대를 통해 바라본 마케팅의 변천사

시대를 거치며 마케팅은 단순히 제품을 알리고 판매하는 방식에서 한 걸음 더 나아가 소비자와의 깊은 관계 형성과 지속적인 소통을 중시하는 방향으로 발전해 왔습니다. 쉽게 설명드리자면 마케팅의 변천사를 크게 몇 가지 시기로 나누어 볼 수 있습니다.

초기 마케팅 시대 : 제품 중심

제품 중심의 마케팅 시대는 대량 생산과 소비가 가능해진 산업혁명 이후부터 20세기 중반까지를 가리킵니다. 이 시기의 마케팅은 제품의 효율성과 기능성에 초점을 맞추었으며 대량 생산을 통해 비용을 절감하고 넓은 시장에 제품을 공급하는 것이 주요 전략이었습니다. 이러한 접근 방식은 당시의 경제 상황과 소비자의 니즈에 부합했습니다.

1. 대량 생산

산업 혁명으로 인한 기술의 발전은 대량 생산을 가능하게 했습니다. 기업들은 더 많은 제품을 더 적은 비용으로 생산할 수 있게 되었고 이는 제품 중심 마케팅의 기반이 되었습니다.

2. 제품 품질과 기능성

당시 시장은 제품의 품질과 기능성에 초점을 맞췄습니다. 소비자들은 제품이 얼마나 잘 작동하는지 얼마나 오래 지속되는지 등에 관심을 가졌고 마케팅 메시지는 이러한 요소를 강조했습니다.

3. 표준화된 제품

대량 생산의 필요성으로 인해 제품은 표준화되었습니다. 이는 개인의 니즈보다는 일반적인 소비자의 니즈를 충족시키는 데 초점을 맞췄습니다.

4. 제한된 소비자 선택

제품 중심의 마케팅은 소비자에게 제한된 선택권을 제공했습니다. 시장에는 비슷비슷한 제품들이 넘쳐나고 소비자들은 이 중에서 선택해야만 했습니다.

제품 중심의 마케팅 시대는 효율적인 대량 생산 시스템의 필요성을 강조했으며 기업들은 생산 과정의 최적화에 집중했습니다. 이 시기는 제품의 품질과 기능성이 경쟁 우위를 결정짓는 주요 요소였습니다. 그러나 소비자의 니즈와 선호도가 다양해지고 경쟁이 심화함에 따라 기업들은 점차 소비자 중심의 마케팅 전략으로 전환하기 시작했습니다.

초기 마케팅 시대의 이러한 접근 방식은 오늘날에도 여전히 중요한 교훈을 제공합니다. 제품의 품질과 기능성은 소비자의 만족도와 충성도를 높이는 데 핵심적인 요소이지만 시장과 소비자의 변화하는 요구에 민감하게 반응하는 유연성 또한 중요함을 상기시켜 줍니다.

판매 중심 시대

주로 20세기 중반에 해당하는 기간으로 기업들이 생산한 제품을 시장에 어떻게 효과적으로 판매할지에 초점을 맞춘 시기입니다. 이 시대는 제품의 대량 생산할 수 있으면서 발생한 시장의 포화 상태와 경쟁 심화를 배경으로 합니다. 기업들은 생산된 제품을 소비자에게 판매하기 위해 더욱 공격적인 판매 전략과 마케팅 기법을 도입했습니다.

1. 판매 기술의 중요성

제품을 소비자에게 판매하기 위해 판매 기술과 전략이 중요해졌습니다. 판매원들은 소비자를 직접 설득하여 제품을 구매하도록 만드는 다양한 기술을 활용했습니다.

2. 광고와 프로모션의 증가

제품을 시장에 알리고 판매를 촉진하기 위해 광고와 프로모션 활동이 많이 증가했습니다. 이는 소비자의 관심을 끌고 제품에 대한 인지도를 높이기 위한 전략이었습니다.

3. 경쟁의 심화

제품의 대량 생산과 시장의 포화로 인해 경쟁이 심화하였습니다. 기업들은 경쟁사와 차별화되는 전략을 개발하고 자신들의 제품을 더 매력적으로 만들기 위해 노력했습니다.

4. 소비자의 필요보다 판매의 중요성

이 시기에는 소비자의 실제 필요나 욕구보다는 제품을 어떻게 하면 더 많이 판매할 수 있을지에 더 많은 관심이 집중되었습니다. 이는 단기적인 판매 목표 달성에 초점을 맞춘 전략이었습니다.

판매 중심 시대는 기업과 소비자 사이에 일정한 긴장 관계를 만들었습니다. 소비자들은 자신의 실제 필요와 무관하게 제품을 구매하도록 유도되었고, 이는 장기적으로 소비자 만족도와 충성도에 부정적인 영향을 미쳤습니다. 이러한 한계를 극복하고자 기업들은 점차 고객의 욕구와 필요를 더 깊이 이해하고 충족시키기 위한 전략으로 전환하기 시작했습니다. 이는 고객 중심의 마케팅 접근 방식으로의 전환을 의미하며 오늘날에도 계속되는 추세입니다.

마케팅 중심 시대

판매 중심 시대 이후 대략 20세기 후반부터 본격적으로 모습을 드러내기 시작한 시기로 기업들이 단순히 제품을 판매하는 것을 넘어 소비자의 욕구와 필요를 중심으로 마케팅 전략을 수립하고 실행하는 것에 더 큰 중점을 두게 된 시대입니다. 이 시기는 제품이나 서비스를 시장에 출시하기 전에 시장 조사를 통해 소비자의 요구와 기대를 파악하고 이를 바탕으로 제품 개발, 가격 책정, 프로모션 전략, 배포 방식 등을 결정하는 통합적인 접근 방식을 특징으로 합니다.

1. 고객 중심의 접근

기업들은 제품이나 서비스를 개발하고 판매하는 모든 과정에서 소비자의 욕구와 필요를 최우선으로 고려합니다. 이를 통해 소비자 만족도를 높이고 장기적인 고객 관계를 구축하는 것을 목표로 합니다.

2. 시장 조사의 중요성

시장 조사를 통해 소비자의 태도, 선호도, 행동 양식 등을 깊이 이해하고, 이 정보를 제품 개발과 마케팅 전략 수립의 기초로 활용합니다. 이는 제품이나 서비스가 시장에 출시되기 전에 그 성공 가능성을 높이는 데 중요한 역할을 합니다.

3. 통합적 마케팅 커뮤니케이션

광고, 판매 촉진, 공중관계PR, 소셜 미디어 마케팅 등 다양한 커뮤니케이션 채널을 전략적으로 통합하여 사용함으로써 일관된 메시지를 전달하고 브랜드 인지도를 강화합니다.

4. 맞춤형 마케팅

대규모 시장 대상의 일반적인 마케팅 방법에서 벗어나, 소비자 개개인의 특성과 필요에 맞춘 맞춤형 마케팅 전략을 채택합니다. 이는 소셜 미디어와 빅데이터 분석 기술의 발전으로 더욱 정교해졌습니다.

5. 지속 가능성과 사회적 책임

기업들은 제품이나 서비스를 통해 사회적 가치를 창출하고 환경적 지속 가능성을 추구하는 것을 중요하게 여깁니다. 이는 소비자들 사이에서 사회적 책임과 지속 가능한 소비에 대한 관심이 증가함에 따라 더욱 중요해진 추세입니다.

마케팅 중심 시대의 도래는 기업이 소비자와의 관계를 어떻게 구축하고 유지해야 하는지에 대한 인식을 근본적으로 변화시켰습니다. 이러한 변화들은 기업이 소비자의 요구를 더욱 세밀하게 분석하고, 그에 부응하는 맞춤형 제품과 서비스를 제공하며, 효과적으로 소통하는 방식으로 전략을 전환하도록 이끌었습니다.

이는 "마케팅 중심 시대"로의 전환을 가속하는 결정적인 요인이 되었습니다.

디지털 마케팅 시대

디지털 마케팅 시대는 전통적인 마케팅 방식이 인터넷과 기술의 발전으로 인해 급격히 변화하면서 시작되었습니다. 이는 기업들이 소비자에게 다가가는 방식뿐만 아니라 소비자들이 정보를 얻고 구매 결정을 내리는 과정에도 큰 변화를 불러왔습니다. 디지털 마케팅의 핵심 요소들을 자세히 살펴보면 이 시대의 특성과 중요성을 더욱 깊이 이해할 수 있습니다.

1. 소셜 미디어의 활용

소셜 미디어의 등장은 마케팅에 혁명적인 변화를 불러왔습니다. 기업들은 이제 전 세계 수백만 명의 소비자와 직접 소통할 수 있는 플랫폼을 갖게 되었습니다. 이를 통해 기업들은 브랜드 인지도를 높이고, 고객의 피드백을 실시간으로 받아볼 수 있으며 타겟 고객에게 맞춤형 콘텐츠를 제공하여 관심을 유도할 수 있습니다. 소셜 미디어 마케팅은 브랜드가 고객과의 관계를 강화하고, 브랜드 충성도를 높이는 데 있어 중요한 역할을 합니다.

2. 콘텐츠 마케팅의 부상

콘텐츠 마케팅은 고객에게 유용한 정보를 제공하고 브랜드의 메시지를 전달하는 전략입니다. 이는 블로그 게시물, 비디오, 인포그래픽, 팟캐스트 등 다양한 형태로 제공될 수 있으며 고객의 관심을 끌고 신뢰를 구축하는 데 중점을 둡니다. 고객이 진정으로 가치 있다고 느끼는 콘텐츠를 제공함으로써 기업은 장기적인 관계를 구축하고 브랜드 충성도를 높일 수 있습니다.

3. 검색 엔진 최적화$_{SEO}$와 검색 엔진 마케팅$_{SEM}$

인터넷에서의 가시성은 디지털 마케팅에서 매우 중요합니다. 검색 엔진 최적화$_{SEO}$는 웹사이트와 콘텐츠가 검색 엔진에서 더 높은 순위에 나타나도록 최적화하는 과정입니다. 이를 통해 기업은 유기적 검색 결과를 통해 더 많은 트래픽을 유도할 수 있습니다. 반면 검색 엔진 마케팅$_{SEM}$은 유료 광고를 통해 검색 엔진에서의 노출을 증가시키는 전략입니다. 이 두 방법은 상호 보완적으로 사용되며 인터넷에서 기업의 가시성을 높이는 데 핵심적인 역할을 합니다.

4. 이메일 마케팅

개인화된 메시지를 통해 고객과 직접 소통할 수 있는 이메일 마케팅은 여전히 효과적인 마케팅 전략 중 하나입니다. 뉴스레터, 프로모션, 이벤트 초대 등을 통해 고객 충성도를 높이고 재구매를 유도합니다.

5. 데이터 분석과 타겟팅

디지털 마케팅의 큰 장점 중 하나는 방대한 양의 데이터를 수집하고 분석하여 타겟 고객을 더욱 정확하게 식별하고 맞춤형 마케팅 전략을 수립할 수 있다는 것입니다. 이를 통해 마케팅의 효율성과 ROIReturn on Investment를 크게 향상할 수 있습니다.

이처럼 디지털 마케팅 시대는 기술의 발전과 디지털 플랫폼의 다양성을 바탕으로 소비자와의 상호작용, 개인화된 마케팅 전략 구현, 데이터 기반 의사결정 등을 가능하게 하며, 현대 마케팅의 중심축으로 자리 잡았습니다.

미래 마케팅

미래 마케팅은 기술의 지속적인 발전과 소비자 행동의 변화에 기반하여 현재의 디지털 마케팅 전략과 방법을 넘어서는 새로운 접근 방식을 포함합니다. 이는 빅 데이터, 인공지능AI, 가상현실VR

및 증강현실_{AR}, 그리고 사물인터넷_{IoT} 같은 첨단 기술을 활용하여 더욱 개인화되고, 상호작용적이며, 효율적인 마케팅 전략을 개발하는 것을 의미합니다. 미래 마케팅의 몇 가지 중요한 요소를 자세히 살펴봅시다.

1. 인공지능과 머신러닝의 활용

AI와 머신러닝은 고객 데이터를 분석하고 이를 기반으로 예측 모델을 만드는 데 사용됩니다. 이를 통해 기업들은 고객의 구매 패턴, 선호도, 그리고 행동을 더 잘 이해하고 이에 맞춤화된 마케팅 메시지를 전달할 수 있습니다. 또한 AI는 고객 서비스를 자동화하고 개선하는 데에도 중요한 역할을 합니다.

2. 가상현실_{VR} 및 증강현실_{AR}

VR과 AR은 사용자 경험을 향상하는 데 사용됩니다. 예를 들어 AR을 사용하여 소비자들이 자신의 홈 인테리어에 가구를 가상으로 배치해 보거나 VR을 통해 특정 목적지나 제품을 체험할 수 있습니다. 이러한 기술은 소비자의 구매 결정 과정을 지원하고 브랜드와의 상호작용을 강화합니다.

3. 사물인터넷IoT

IoT 기기는 소비자의 일상생활 속에서 데이터를 수집하고, 이를 기업이 고객의 필요와 선호도를 더 잘 이해하는 데 활용할 수 있게 합니다. 예를 들어 스마트 홈 기기에서 수집한 데이터를 기반으로 맞춤형 홈 케어 제품이나 서비스를 제안할 수 있습니다.

4. 데이터 보안과 개인 정보 보호

미래 마케팅에서는 고객 데이터의 보안과 개인 정보 보호가 점점 중요해지고 있습니다. 소비자들은 자신의 데이터가 어떻게 사용되는지 더욱 관심을 가지며 이에 대한 투명성과 책임감 있는 관리가 요구됩니다. 기업들은 GDPR 같은 규정을 준수하며 고객의 신뢰를 유지하기 위해 노력해야 합니다.

5. 지속 가능성과 윤리적 마케팅

소비자들이 지속 가능하고 윤리적인 제품 및 브랜드를 선호하는 경향이 있기 때문에 미래 마케팅에서 강조됩니다. 환경 보호, 사회적 책임, 그리고 윤리적 비즈니스 관행을 마케팅 전략에 포함하는 것은 브랜드가 소비자와의 신뢰를 구축하고 시장에서 경쟁력을 가지는 데 중요합니다.

이처럼 마케팅은 시대와 함께 변화하며 소비자의 변화하는 요구에 맞추어 발전해 오고 있습니다. 이러한 변화를 이해하는 것은 마케팅 전략을 세우는 데 있어 매우 중요합니다. 중요한 사항은 마케팅의 변천사를 통해 우리가 얻을 수 있는 교훈입니다. 각시대의 마케팅 방식이 변화한 배경에는 소비자의 니즈와 기술의 발전이 크게 작용했습니다. 이를 통해 우리는 두 가지 중요한 교훈을 얻을 수 있습니다.

소비자 중심의 마케팅

기업이 제품이나 서비스를 판매하는 과정에서 소비자의 요구와 선호를 최우선으로 고려하는 마케팅 접근 방식입니다. 이 방식은 소비자의 관점에서 출발하여 그들이 진정으로 필요로 하는 것이 무엇인지를 이해하고 이에 부응하는 제품이나 서비스를 제공함으로써 소비자의 만족도를 높이고 장기적인 관계를 구축하는 것을 목표로 합니다. 소비자 중심 마케팅의 주요 특징과 전략에 대해 좀 더 자세히 설명드리겠습니다.

1. 소비자 이해

소비자 중심 마케팅의 첫걸음은 소비자를 깊이 이해하는 것입니다. 이를 위해 시장 조사, 설문 조사, 소셜 미디어 분석 등 다양한 방법을 통해 소비자의 생활 방식, 구매 습관, 선호도, 요구사항 등을 파악합니다. 이 정보는 마케팅 전략을 수립하고 소비자에게 어떤 가치를 제공할지 결정하는 데 있어 핵심적인 역할을 합니다.

2. 맞춤형 콘텐츠 제공

소비자의 특성과 요구에 기반하여 맞춤형 콘텐츠를 제공하는 것도 소비자 중심의 마케팅에서 중요한 요소입니다. 이는 소비자가 자신의 필요와 관심에 정확히 부합하는 정보를 받게 함으로써 더 높은 관심과 참여를 유도할 수 있습니다. 예를 들어 소비자의 이전 구매 이력이나 온라인 행동을 분석하여 개인화된 이메일 마케팅 캠페인을 진행할 수 있습니다.

3. 고객 경험의 최적화

뛰어난 고객 경험을 제공하는 데 초점을 맞춥니다. 이는 제품이나 서비스의 품질뿐만 아니라, 구매 전후의 모든 접점에서 소비자와의 상호작용을 포함합니다. 예를 들어 사용자 친화적인 웹사이트 디자인, 효율적인 고객 서비스, 개인화된 추천 시스템 등을 통해 소비자의 만족도를 높일 수 있습니다.

4. 지속적인 관계 구축

단기적인 판매를 넘어서 장기적인 고객 관계를 구축하는 것을 목표로 합니다. 이를 위해 기업들은 고객의 피드백을 적극적으로 수집하고, 이를 제품 개선과 서비스 개선에 반영함으로써 고객의 목소리에 귀 기울이는 모습을 보여줍니다. 또한, 로열티 프로그램이나 고객 감사 이벤트를 통해 고객과의 지속적인 관계를 강화할 수 있습니다.

5. 데이터 기반 의사결정

소비자 중심의 마케팅에서는 데이터를 기반으로 한 의사결정이 매우 중요합니다. 소비자 행동, 선호도, 구매 패턴 등에 대한 정밀한 분석을 통해 마케팅 전략을 수립하고 이를 통해 소비자의 요구를 더욱 정확하게 예측하고 충족시킬 수 있습니다. 이를 위해서는 체계적인 데이터 관리 시스템과 분석 도구가 필요하며 이를 통해 얻은 인사이트를 마케팅 전략에 신속하게 통합하는 것이 중요합니다.

6. 다채널 전략

소비자들은 다양한 채널을 통해 정보를 얻고 구매를 진행합니다. 따라서 소비자 중심의 마케팅에서는 온라인과 오프라인을 포함한 다채널 전략을 구사하는 것이 중요합니다. 이를 통해 소비자가 선호하는 채널에서 기업과 소통할 수 있도록 하며, 일관된 메시지와 경험을 제공함으로써 소비자의 만족도를 높일 수 있습니다. 옴니채널 접근 방식은 소비자와의 접점을 최대화하고, 보다 통합된 고객 경험을 제공하는데 도움이 됩니다.

7. 지속 가능성과 책임감

현대 소비자들은 단순히 좋은 제품이나 서비스를 넘어, 기업의 사회적 책임과 지속 가능성에도 많은 관심을 가지고 있습니다. 따라서 소비자 중심의 마케팅 전략에서는 기업의 사회적 책임과 지속 가능한 실천을 강조하는 것이 중요합니다. 이는 소비자와의 신뢰를 구축하고, 긍정적인 기업 이미지를 만드는 데 크게 기여할 수 있습니다. 예를 들어 친환경 소재 사용, 지역 사회 기여 활동, 공정 무역 제품 판매 등은 소비자들에게 긍정적인 메시지를 전달할 수 있습니다.

8. 소비자 참여와 공유 가치 창출

소비자 중심의 마케팅에서는 소비자를 단순한 구매자가 아닌 가치 창출 과정에 참여하는 주체로 보는 것이 중요합니다. 소셜 미디어, 커뮤니티 포럼, 제품 리뷰 등 다양한 채널을 통해 소비자의 의견을 수렴하고 이를 제품 개발이나 서비스 개선에 반영함으로써 소비자와 함께 성장하는 모델을 구축할 수 있습니다. 이는 고객 충성도를 높이고 소비자와 기업 간의 긴밀한 관계를 유지하는 데 도움이 됩니다.

소비자 중심의 마케팅 전략은 시장의 변화와 소비자의 요구에 민감하게 대응하며 지속 가능한 경쟁 우위를 확보하는 데 중요한 역할을 합니다.

기술을 활용한 맞춤형 마케팅

현대 마케팅 전략에서 중요한 요소로 자리 잡았습니다. 이 접근 방식은 다양한 기술적 수단을 활용하여 소비자의 행동, 선호, 그리고 이전 구매 이력 등의 데이터를 분석하고 이를 기반으로 개인화된 마케팅 메시지와 제안을 제공합니다. 이 과정에서 주로 활용되는 기술들에는 인공지능AI, 빅데이터 분석, 기계학습, 챗봇, 그리고 가상현실 등이 있습니다.

1. 인공지능과 기계학습
인공지능AI과 기계학습은 사용자의 행동 패턴을 학습하고 예측

하는 데 사용됩니다. 예를 들어 온라인 쇼핑 사이트는 방문자의 검색 기록, 구매 이력, 페이지 체류 시간 등을 분석하여 개인에게 맞춤화된 제품 추천을 제공할 수 있습니다. 이러한 기술은 고객의 선호와 행동을 더 정확하게 이해할 수 있게 해주며 이를 통해 더 효과적인 마케팅 전략을 수립할 수 있습니다.

2. 빅데이터 분석

빅데이터 분석은 대량의 데이터에서 유의미한 패턴, 추세, 그리고 연관성을 찾아내는 과정입니다. 마케팅에서는 소비자의 구매 패턴, 선호도, 온라인 행동 등의 데이터를 분석하여 마케팅 캠페인의 타겟팅을 최적화하고 개인화된 커뮤니케이션 전략을 개발하는 데 활용됩니다. 이를 통해 마케팅의 효율성을 크게 높일 수 있습니다.

3. 챗봇과 대화형 인터페이스

챗봇과 대화형 인터페이스는 고객 서비스와 상호작용을 개선하는 데 사용됩니다. AI 기반의 챗봇은 고객의 질문에 실시간으로 응답하고 개인화된 정보와 제안을 제공할 수 있습니다. 이를 통해 고객 경험을 향상하고 고객의 요구에 더 빠르고 정확하게 대응할 수 있습니다.

4. 가상현실과 증강현실

가상현실VR과 증강현실AR은 마케팅에서 상품이나 서비스를 체험할 수 있는 새로운 방법을 제공합니다. 예를 들어 가구 회사는 AR을 활용하여 고객이 자기 집에서 가구를 가상으로 배치해 보는 경험을 제공할 수 있습니다. 이러한 기술적 접근 방식은 고객의 구매 결정 과정을 지원하고 더 풍부하고 몰입감 있는 쇼핑 경험을 제공합니다.

기술을 활용한 맞춤형 마케팅은 고객에게 더욱 개인화되고 관련성 높은 마케팅 메시지를 전달함으로써 기업과 브랜드의 경쟁력을 강화하는 데 큰 역할을 합니다. 이 방식은 단순히 제품을 판매하는 것을 넘어서 고객과의 관계를 구축하고, 고객 충성도를 높이는 데 중점을 둡니다. 다음은 기술을 활용한 맞춤형 마케팅이 가져오는 주요 이점들입니다.

1. 고객 경험의 개선

고객에게 맞춤화된 경험을 제공함으로써 기업은 고객 만족도를 높일 수 있습니다. 고객이 자신의 필요와 관심사에 정확히 부합하는 정보와 제안을 받게 되면 브랜드에 대한 긍정적인 인식이 강화되고 장기적인 고객 관계가 구축될 수 있습니다.

2. 마케팅 효율성의 증대

기술을 활용하면 마케팅 캠페인의 성과를 실시간으로 추적하고 분석할 수 있습니다. 이를 통해 마케팅 전략을 지속적으로 최적화하고, 광고비용 대비 투자 수익ROI을 극대화할 수 있습니다. 또한, 타겟팅이 개선되어 불필요한 마케팅 비용을 절감할 수 있습니다.

3. 브랜드 인지도와 충성도 증진

개인화된 마케팅 메시지는 고객에게 더욱 강력하게 다가갑니다. 고객이 자신의 요구가 충족되고 있다고 느끼면, 그 브랜드에 대한 충성도가 증가합니다. 이는 재구매율을 높이고 입소문 마케팅을 통한 신규 고객 확보에도 긍정적인 영향을 미칩니다.

4. 신규 고객 확보와 시장 점유율 확대

맞춤형 마케팅은 기존 고객뿐만 아니라 신규 고객에게도 효과적입니다. 개인화된 경험을 통해 관심을 끌고 브랜드에 대한 호기심을 유발할 수 있습니다. 이는 결국 브랜드의 시장 점유율 확대로 이어질 수 있습니다.

기술이 발전함에 따라 기업은 더욱 정교하고 효과적인 맞춤형 마케팅 전략을 개발할 수 있게 되었습니다. 하지만 이 과정에서 고객의 개인 정보 보호와 관련된 윤리적 고려도 매우 중요합니다. 고객의 신뢰를 얻고 유지하기 위해서는 투명한 데이터 관리와 개인 정보 보호 정책이 필수적입니다. 따라서 기술을 활용한 맞춤형 마케팅을 실천함에 있어서는 이러한 측면에도 주의를 기울여야 합니다.

결론적으로 마케팅의 변천사를 통해 우리는 소비자 중심의 마케팅의 중요성과 기술을 활용한 맞춤형 마케팅의 필요성을 배웁니다. 미래에는 이 두 가지 요소가 더욱 중요해질 것이며 이에 대한 지속적인 연구와 준비가 필요할 것입니다.

2장

왜 마케팅이 중요한가?

마케팅은 기업이 시장에서 성공적으로 자리 잡을 수 있게 도와주는 핵심 요소입니다.

제품이나 서비스를 대상 고객에게 알리고 그들의 관심을 끌어들이는 방법이죠. 마케팅을 통해 기업은 고객의 필요와 욕구를 이해하고 이에 맞춰 제품을 개선할 수 있습니다.

이는 고객 만족도를 높이고 장기적인 고객 관계를 구축하는 데 중요해요. 결국 마케팅은 기업의 매출 증대와 브랜드 가치 향상에 직접적인 영향을 미칩니다.

마케팅이 필요한 이유

마케팅은 우리가 가진 좋은 제품이나 서비스를 사람들에게 알리고 그들이 왜 그것을 필요로 하는지 이해시키는 과정입니다. 일상에서 우리가 무언가를 구매하는 결정을 내릴 때 그 제품이나 서비스에 대해 알게 된 경로가 대부분 마케팅 활동의 결과입니다.

첫째, 마케팅은 우리 제품이나 서비스를 시장에 소개합니다. 이것은 신제품 출시뿐만 아니라 기존 제품의 특징이나 새로운 사용 방법을 알릴 때도 중요합니다.

둘째, 마케팅은 고객의 필요와 욕구를 파악하게 해줍니다. 이는 제품이나 서비스를 고객이 정말 원하는 방향으로 개선할 수 있게 도와줍니다.

셋째, 마케팅은 브랜드 인지도를 높여줍니다. 사람들이 제품이나 서비스를 인식하고, 신뢰할 때, 그들은 그것을 선택할 가능성이 더 높아집니다.

넷째, 마케팅은 경쟁에서 우위를 점할 수 있게 합니다. 좋은 마케팅 전략은 비슷한 제품이나 서비스 사이에서 당신의 것을 더 돋보이게 만들어 줄 수 있습니다.

다섯째, 이 모든 것이 결국 매출 증대로 이어집니다. 마케팅은 사람들이 제품이나 서비스에 대해 알고, 이해하고, 신뢰하게 만들어 결국 구매로 이어지게 만드는 과정입니다.

이렇게 마케팅은 단순히 제품을 판매하는 것을 넘어서 고객과의 관계를 만들고 유지하며 강화하는 데 중요한 역할을 합니다. 이 과정에서 기업은 지속해서 성장할 기회를 얻게 됩니다. 따라서 마케팅은 비즈니스 성공의 핵심 요소라고 할 수 있습니다.

마케팅의 역할과 기능

마케팅은 마치 사람들과 제품이나 서비스 사이의 다리와 같은 역할을 합니다. 이 다리를 통해 기업은 자신들의 제품이나 서비스를 소비자에게 전달하고, 소비자의 필요와 요구를 기업에 알려줍니다. 마케팅은 단순히 판매를 늘리는 것이 아니라 시장에서의 성공적인 커뮤니케이션과 관계 형성에 필수적인 역할을 합니다.

시장 조사와 분석

시장 조사와 분석은 기업이 경쟁력을 유지하고 성장하기 위한 필수적인 과정입니다. 이 과정을 통해 기업은 시장의 다양한 변화를 이해하고, 소비자의 요구를 파악하며, 경쟁사의 움직임을 분석할 수 있습니다. 이는 마케팅 전략 수립과 제품 개발에 중요한 기초 자료를 제공합니다. 시장 조사와 분석의 중요성을 깊이 있게 이해하기 위해 각 단계를 자세히 살펴보겠습니다.

시장 조사의 목적은 기업이 시장에서의 위치를 확립하고, 소비자의 요구에 부합하는 제품이나 서비스를 제공하여 수익을 극대화하는 것입니다. 이를 위해 시장 조사는 다음과 같은 세부 목적을 가지고 진행됩니다.

1. 시장의 이해

시장의 크기, 성장 가능성, 주요 트렌드 및 변화를 파악합니다. 이는 기업이 시장의 기회와 위험을 이해하는 데 중요합니다.

2. 소비자 행동 분석

소비자의 행동, 욕구, 구매 결정 과정 등을 이해하여 소비자의 요구를 충족시킬 수 있는 제품이나 서비스를 개발합니다.

3. 경쟁 상황 분석

경쟁사의 전략, 강점, 약점 등을 분석하여 자사의 경쟁 우위를 확보하고 전략을 조정합니다.

시장 조사는 크게 1차 조사와 2차 조사로 나뉩니다. 각각의 조사 방법은 목적과 조건에 따라 선택되며 효과적인 시장 분석을 위해 함께 사용될 수 있습니다.

1. 1차 조사Primary Research

기업이 직접 데이터를 수집하는 방법으로 특정한 문제 해결을 위해 실시됩니다. 설문조사, 인터뷰, 포커스 그룹, 관찰 등 다양한 방법을 통해 실시간 데이터를 얻을 수 있습니다.

2. 2차 조사Secondary Research

이미 공개된 자료를 분석하는 방법으로 시장 보고서, 학술 논문, 정부 발표 자료 등을 활용합니다. 시장의 일반적인 이해나 초기 단계 조사에 유용합니다.

시장 분석은 체계적인 접근 방법을 요구합니다. 이 과정은 문제 정의에서부터 데이터 수집, 분석, 결과 해석에 이르기까지 다음 단계를 포함합니다.

1. 문제 정의

조사의 목적과 필요한 정보를 명확히 정의합니다. 이 단계는 전체 조사 과정의 방향성을 결정짓는 중요한 단계입니다.

2. 데이터 수집

계획된 방법에 따라 필요한 데이터를 수집합니다. 이 과정에서는 정량적 데이터와 정성적 데이터 모두 중요하며, 다양한 소스에서 정보를 수집하는 것이 중요합니다. 정확하고 신뢰할 수 있는 데이터 수집은 분석의 정확도를 높이는 핵심 요소입니다.

3. 데이터 분석

수집된 데이터를 분석하여 유의미한 인사이트를 도출합니다. 이 단계에서는 통계적 방법, 패턴 인식, 추세 분석 등 다양한 분석 기법을 활용할 수 있습니다. 분석 결과는 시장의 현재 상황과 미래 예측, 경쟁사와의 비교 등을 가능하게 합니다.

4. 결과 해석 및 전략 수립

분석된 데이터를 바탕으로 시장 조사의 목적에 맞는 해석을 진행합니다. 이는 기업의 시장 진입 전략, 제품 개발 방향, 마케팅 전략 등을 수립하는 데 중요한 기초 자료가 됩니다. 해석된 결과는 명확하고 이해하기 쉬운 형태로 정리되어야 합니다.

5. 실행 및 모니터링

전략을 수립한 후에는 실제 실행에 옮기며, 실행 과정에서의 성과를 주기적으로 모니터링합니다. 이 과정에서 얻은 피드백은 지속적인 개선을 위한 중요한 자료가 됩니다. 또한 시장의 변화나 새로운 경쟁 상황 등에 대응하기 위해 시장 조사와 분석은 정기적으로 반복되어야 합니다.

시장 조사와 분석은 기업이 시장의 변화와 소비자의 요구를 빠르게 파악하고 이에 대응하는 전략을 수립할 수 있도록 돕습니다. 이는 결국 기업의 경쟁력을 강화하고 지속 가능한 성장을 이루는 데 필수적입니다. 또한 위험을 최소화하고 투자의 효율성을 높이는 데에도 큰 역할을 합니다.

시장 조사와 분석을 통해 기업은 보다 정확한 시장 예측을 할 수 있으며 이는 장기적인 사업 계획 수립에 있어 중요한 기준이 됩니다. 더 나아가 소비자의 요구와 기대를 충족시키는 혁신적인 제품과 서비스를 개발함으로써 시장에서의 우위를 확보할 수 있습니다.

제품 전략 개발

제품 전략 개발은 기업이 시장에서 경쟁력을 갖추고 지속 가능한 성장을 달성하기 위해 필수적인 과정입니다. 이 과정에서는 목표 시장을 정의하고, 제품의 생명주기를 관리하며 고객의 요구를 충족시키는 제품을 개발하는 것이 중요합니다. 제품 전략 개발에는 다음과 같은 주요 단계가 포함됩니다.

1. 시장 조사 및 분석

제품 전략을 개발하기 전에 시장 조사와 분석을 통해 타겟 시장의 규모, 성장성, 경쟁 상황, 고객의 요구와 선호 등을 파악해야 합니다. 이 정보는 제품 개발 방향을 결정하고 시장에서의 위치를 정의하는 데 필수적입니다.

2. 목표 시장의 정의

시장 조사 결과를 바탕으로 목표 시장을 정의합니다. 목표 시장은 제품이 해결하고자 하는 문제, 고객의 특성, 구매력 등에 따라 세분됩니다. 명확한 목표 시장의 정의는 효과적인 마케팅 전략 수립과 제품 개발 방향을 설정하는 데 중요한 기준이 됩니다.

3. 제품 개념 및 포지셔닝

제품의 핵심 가치와 차별화된 특성을 정의합니다. 이 과정에서는 제품이 고객의 어떤 요구를 충족시킬지, 경쟁 제품과 비교했을 때 어떤 우위를 가질지를 명확히 합니다. 제품 포지셔닝은 고객이 제품을 인식하는 방식에 큰 영향을 미치므로, 전략적으로 접근해야 합니다.

4. 제품 개발 및 테스트

제품 개념과 포지셔닝을 바탕으로 실제 제품을 개발합니다. 개발 과정에서는 기술적 실현 가능성, 비용 효율성, 고객의 사용 편의성 등을 고려해야 합니다. 개발된 제품은 시장 테스트를 통해 고객의 반응을 검증하고 필요한 경우 개선 조치를 합니다.

5. 출시 전략 및 실행

제품 출시 전략을 수립하고, 출시 계획을 세분화하여 실행합니다. 출시 전략에는 가격 책정, 유통 채널 선정, 프로모션 계획 등이 포함됩니다. 출시 실행 과정에서는 목표 시장에 제품을 효과적으로 알리고 초기 고객 기반을 확보하는 것이 중요합니다.

6. 제품 생명주기 관리

제품이 시장에 출시된 이후에도 지속적인 관리와 개선이 필요합니다. 제품의 생명주기 단계(도입, 성장, 성숙, 쇠퇴)에 따라 마케팅 전략과 제품 개선 방향을 조정합니다. 고객의 피드백을 수집하고 시장 변화를 주시하는 것이 이 과정에서 중요합니다.

7. 제품 생명주기 관리의 연속성

제품 전략 개발은 단순히 제품을 시장에 출시하는 것으로 끝나지 않습니다. 제품 생명주기가 진행됨에 따라 지속적인 시장 조사와 분석을 통해 제품을 개선하고 새로운 고객 요구에 맞추어 제품을 업데이트하는 과정이 필요합니다. 이는 제품이 시장에서 지속해서 성공할 수 있도록 하는 핵심 요소입니다.

8. 고객 피드백의 중요성

고객으로부터의 직접적인 피드백은 제품 개선과 관련된 중요한 정보를 제공합니다. 고객의 사용 경험, 제품에 대한 만족도, 개선 요청 사항 등은 제품을 보다 사용자 친화적으로 만들기 위한 귀중한 자료가 됩니다. 따라서 고객 피드백 수집과 분석은 제품 전략 개발 과정에서 지속적으로 이루어져야 합니다.

9. 경쟁 분석의 지속적인 수행

시장은 항상 변화하고 새로운 경쟁자가 등장할 수 있습니다. 따라서 경쟁자 분석은 한 번으로 끝나는 것이 아니라, 지속적으로 수행되어야 합니다. 경쟁자의 제품, 마케팅 전략, 가격 정책 등을 주시함으로써 시장 변화에 빠르게 대응하고 제품의 경쟁력을 유지할 수 있습니다.

10. 마케팅 전략의 유연한 조정

시장 상황, 고객의 요구, 경쟁 상황 등이 변함에 따라, 제품의 마케팅 전략도 유연하게 조정되어야 합니다. 프로모션 활동, 광고 캠페인, 가격 전략 등을 시장 상황에 맞게 수정하고 최적화하여 제품의 시장 점유율을 확대하고 매출을 증대시킬 수 있습니다.

제품 전략 개발은 복잡하고 다양한 고려 사항을 포함하는 과정입니다. 성공적인 제품 전략을 위해서는 명확한 목표 시장의 정의, 차별화된 제품 개념, 효과적인 출시 전략, 그리고 지속적인 제품 관리와 개선이 필수적입니다. 이 과정을 통해 기업은 경쟁력을 강화하고, 지속 가능한 성장을 실현할 수 있습니다.

커뮤니케이션

'커뮤니케이션'은 정보, 생각, 감정 등을 사람들 사이에서 주고 받는 과정입니다. 마케팅 커뮤니케이션은 기업과 소비자 사이의 이러한 정보 교환을 의미하며 기업의 제품이나 서비스에 대한 인식을 형성하고, 소비자의 태도와 행동에 영향을 미치려는 목적으로 이루어집니다. 이 과정은 다음과 같은 여러 채널을 통해 진행될 수 있습니다.

1. 광고

광고는 대중 매체를 이용하여 제품이나 서비스의 정보를 대규모로 전달하는 방법입니다. TV, 라디오, 신문, 잡지, 옥외 광고 등 전통적인 매체뿐만 아니라 인터넷 광고, 모바일 광고와 같은 디지털 매체를 통해서도 이루어집니다.

2. 홍보

홍보PR는 기업의 긍정적인 이미지를 형성하고, 제품이나 서비스에 대한 인지도를 높이기 위한 활동을 말합니다. 보도 자료 배포, 이벤트 개최, 사회 공헌 활동 등을 통해 기업의 좋은 이미지를 대중에게 전달하려 합니다.

3. 소셜 미디어

소셜 미디어 마케팅은 페이스북, 인스타그램, 트위터, 유튜브 등의 소셜 네트워크를 활용하여 소비자와 직접적으로 소통하고 관계를 구축하는 방식입니다. 소셜 미디어는 기업이 실시간으로 소비자의 반응을 확인하고 대화하는 데 매우 유용한 채널입니다.

4. 이메일 마케팅

이메일 마케팅은 소비자에게 직접 이메일을 보내 제품이나 서비스에 대한 정보를 제공하는 방식입니다. 개인화된 메시지를 통해 소비자와의 관계를 강화하고 특정 행동을 유도하는 데 효과적입니다.

마케팅 커뮤니케이션의 핵심은 적절한 메시지를 적절한 시기에 적절한 대상에게 전달하는 것입니다. 이를 통해 기업은 소비자의 인식을 개선하고, 제품이나 서비스의 가치를 효과적으로 전달할 수 있습니다. 커뮤니케이션 과정에서의 양방향 소통은 소비자의 요구와 기대를 더 잘 이해하고 그에 맞는 마케팅 전략을 개발하는 데 중요한 역할을 합니다.

판매 촉진

소비자, 유통업자, 그리고 판매팀을 대상으로 하는 마케팅 활동의 한 형태로 단기적인 구매 유도와 제품이나 서비스의 판매 증가를 목표로 합니다. 이는 소비자의 구매 결정 과정에 직접적으로 영향을 미치며 제품이나 서비스에 대한 관심을 증가시키고 구매를 촉진하기 위한 다양한 방법을 포함합니다. 판매 촉진의 주요 도구와 전략에는 다음과 같은 것들이 있습니다.

1. 할인

가격 할인은 소비자에게 가장 직접적인 유인을 제공합니다. 제품이나 서비스의 가격을 일시적으로 낮추어 소비자의 즉각적인 구매를 유도합니다. 할인은 특히 경쟁이 치열한 시장에서 소비자의 관심을 끌고 시장 점유율을 확대하는 데 효과적인 전략입니다.

2. 쿠폰

쿠폰은 특정 제품이나 서비스를 구매할 때 일정 금액이나 비율로 할인받을 수 있는 권리를 소비자에게 제공합니다. 쿠폰은 소비자가 새로운 제품을 시도해 보거나 재구매를 장려하는 데 유용합니다.

3. 이벤트 및 경품 행사

이벤트와 경품 행사는 소비자의 참여를 유도하고, 제품이나 서비스에 대한 흥미를 증가시키는 방법입니다. 이러한 활동은 종종 소비자와의 적극적인 상호작용을 통해 브랜드 인지도를 높이고, 제품에 대한 긍정적인 인상을 심어줍니다.

4. 샘플링

샘플링은 소비자에게 제품의 무료 샘플을 제공하여 직접 제품을 체험해 볼 기회를 제공합니다. 이 방법은 특히 새로운 제품을 시장에 출시할 때 소비자의 관심을 끌고 제품에 대한 신뢰를 구축하는 데 효과적입니다.

5. 포인트 및 로열티 프로그램

포인트 및 로열티 프로그램은 소비자의 장기적인 충성도를 높이기 위해 설계된 판매 촉진 전략입니다. 구매 시점마다 포인트를 적립하게 하여 일정 포인트가 쌓이면 할인, 사은품 또는 특별 서비스를 제공함으로써 반복 구매를 장려합니다.

6. 광고

제품이나 서비스의 특징, 이점, 사용 방법 등을 소비자에게 알리기 위한 목적으로 광고를 활용합니다. 광고는 브랜드 인지도를 높이고, 소비자의 제품에 대한 인식을 강화하는 데 중요한 역할을 합니다. 판매 촉진과 함께 사용될 때 광고는 제품에 대한 관심을 높이고, 판매 촉진 활동에 대한 정보를 전달하는 수단이 될 수 있습니다.

7. 공중관계PR

공중관계 활동은 브랜드 이미지를 긍정적으로 유지하고, 제품이나 서비스에 대한 호의적인 여론을 형성하는 데 기여합니다. 언론 보도, 사회적 책임 프로젝트, 이벤트 후원 등을 통해 브랜드의 신뢰성을 구축하고 잠재 고객과의 관계를 강화할 수 있습니다.

8. 소셜 미디어 마케팅

소셜 미디어는 소비자와 직접적으로 소통하고, 관계를 구축하는 데 효과적인 플랫폼입니다. 소셜 미디어를 통해 판매 촉진 활동을 홍보하고 소비자의 참여를 유도함으로써 브랜드에 대한 관심과 충성도를 높일 수 있습니다.

9. 콘텐츠 마케팅

유익하고, 교육적인 콘텐츠를 제공함으로써 소비자의 신뢰를 얻고, 장기적인 관계를 구축하는 전략입니다. 블로그 포스팅, 비디오, 인포그래픽 등 다양한 형태의 콘텐츠를 통해 제품이나 서비스에 대한 깊이 있는 정보를 제공하고, 소비자의 관심을 유지할 수 있습니다.

판매 촉진 활동은 이처럼 다양한 마케팅 전략과 함께 조화롭게 진행될 때, 브랜드의 장기적인 성장과 지속 가능한 고객 관계 구축에 기여할 수 있습니다. 따라서 판매 촉진은 전체적인 마케팅 계획의 일부로서 전략적으로 계획되고 실행되어야 합니다.

브랜드 구축

브랜드 구축은 기업이나 제품의 정체성을 명확히 하고, 그 정체성을 바탕으로 소비자에게 긍정적이고 일관된 이미지를 전달하는 과정입니다. 이 과정을 통해 소비자는 특정 브랜드를 인지하고, 그 브랜드에 대해 신뢰와 충성도를 형성하게 됩니다. 브랜드 구축은 다음과 같은 여러 단계를 포함합니다.

1. 브랜드 정체성 확립

- 브랜드 미션 : 브랜드가 추구하는 목표와 가치를 명확히 합니다.
- 브랜드 비전 : 브랜드가 미래에 도달하고자 하는 모습을 정의합니다.
- 브랜드 가치 : 브랜드가 소비자에게 제공하고자 하는 핵심 가치를 결정합니다.
- 브랜드 개성 : 브랜드가 소비자에게 전달하고 싶은 이미지와 특성을 설정합니다.

2. 브랜드 포지셔닝

브랜드 포지셔닝은 시장 내에서 브랜드가 차지하는 위치를 정의하는 것입니다. 이는 경쟁 브랜드와의 차별화를 통해 이루어지며 소비자가 브랜드를 인식하고 기억하는 데 중요한 역할을 합니다. 브랜드 포지셔닝은 명확하고, 독특하며, 소비자에게 가치를 제공하는 메시지를 전달해야 합니다.

3. 브랜드 커뮤니케이션

브랜드 정체성과 포지셔닝을 바탕으로 일관된 메시지와 이미지를 모든 마케팅 채널을 통해 전달합니다. 이는 광고, PR, 소셜 미디어, 이벤트 마케팅 등 다양한 방법으로 이루어질 수 있습니다. 일관성 있는 커뮤니케이션은 브랜드에 대한 소비자의 인식을 강화하고 신뢰를 구축하는 데 기여합니다.

4. 소비자 경험 관리

브랜드와의 모든 접점에서 소비자에게 긍정적인 경험을 제공하는 것이 중요합니다. 이는 제품이나 서비스의 품질, 고객 서비스, 구매 후 지원 등 모든 측면을 포함합니다. 소비자가 브랜드와의 상호작용을 통해 긍정적인 경험을 하게 되면 브랜드에 대한 충성도와 재구매 의사가 증가합니다.

브랜드 구축은 단기간에 이루어지는 과정이 아니며 지속적인 노력과 관리가 필요합니다. 강력한 브랜드 구축을 통해 기업은 시장에서 차별화된 위치를 확보하고 장기적으로 성공할 수 있는 기반을 마련할 수 있습니다.

시장 내 경쟁 우위 확보

기업이 경쟁사보다 더 매력적인 선택지로 소비자에게 인식되게 하여 결국 시장에서 더 큰 성공을 거두는 것을 목표로 합니다.

이를 위해서는 단순히 제품이나 서비스의 우수성만을 넘어서 기업 전반의 마케팅 전략이 차별화되고 효과적으로 실행되어야 합니다. 경쟁 우위를 확보하기 위한 과정은 다음과 같이 세부적으로 나눌 수 있습니다.

1. 시장 조사를 통한 인사이트 획득

시장 조사를 통해 기업은 소비자의 요구, 선호도, 구매 행동 등을 깊이 있게 이해할 수 있습니다. 또한 경쟁사의 전략, 강점, 약점 등 시장 내의 다양한 동향을 파악할 수 있습니다. 이러한 정보는 기업이 자사의 상황을 정확히 진단하고, 시장 내에서의 위치를 평가하는 데 중요한 기초 자료가 됩니다.

2. 차별화된 가치 제안의 개발

시장 조사를 바탕으로 기업은 자신이 경쟁사와 차별화할 수 있는 강점을 발견하고, 이를 강화하기 위한 전략을 수립해야 합니다. 이는 제품이나 서비스의 특징, 가격, 품질, 사용 편의성, 고객 서비스 등 다양한 요소에 대한 고민을 포함할 수 있습니다. 차별화된 가치 제안은 소비자에게 명확한 선택의 이유를 제공하며 이는 시장 내 경쟁 우위를 확보하는 핵심 요소가 됩니다.

3. 효과적인 마케팅 전략의 실행

차별화된 전략을 수립했다면 이를 소비자에게 효과적으로 전달하기 위한 마케팅 전략을 실행해야 합니다. 이 과정에서는 광고, 프로모션, 소셜 미디어 마케팅, 이벤트 마케팅 등 다양한 채널과 기법이 활용될 수 있습니다. 중요한 것은 소비자와의 접점에서 기업의 차별화된 가치를 지속해서 강조하고 긍정적인 브랜드 이미지를 구축하는 것입니다.

4. 지속적인 모니터링과 개선

시장은 항상 변화하므로 경쟁 우위를 한번 확보했다고 해서 영원히 안정적인 것은 아닙니다. 기업은 시장의 변화와 소비자의 요구를 지속해서 모니터링하고, 경쟁사의 동향을 주시해야 합니다. 또한, 내부적으로는 제품이나 서비스의 질을 지속해서 개선하고, 마케팅 전략을 조정하여 시장 내에서의 우위를 지속해서 유지하거나 강화해야 합니다.

시장 내 경쟁 우위 확보는 다양한 전략적 선택과 실행, 그리고 지속적인 노력과 작업을 필요로 합니다. 이 과정에서 기업의 내부 역량과 외부 환경을 정확히 이해하고 이를 바탕으로 전략을 유연하게 조정하는 능력이 중요합니다. 경쟁 우위를 지속해서 유지하고 확대하기 위한 몇 가지 핵심 요소를 추가로 살펴보겠습니다.

5. 혁신을 통한 시장 선도

기업이 시장 내 경쟁 우위를 확보하고 유지하기 위해서는 지속
적인 혁신이 필수적입니다. 이는 제품이나 서비스의 개선뿐만 아
니라, 생산 과정, 고객 서비스 방식, 마케팅 전략에 이르기까지 기
업 활동의 모든 영역에 걸쳐 이루어져야 합니다. 혁신을 통해 기
업은 시장의 변화에 빠르게 대응하고 새로운 가치를 창출하여 소
비자의 관심을 끌 수 있습니다.

6. 고객 경험의 최적화

시장 내 경쟁 우위를 확보하는 데 있어 고객 경험의 중요성은
갈수록 커지고 있습니다. 제품이나 서비스의 품질뿐만 아니라 구
매 전후의 고객 서비스, 사용 편의성, 개인화된 마케팅 메시지 등
고객과의 모든 접점에서 긍정적인 경험을 제공하는 것이 중요합
니다. 이를 통해 고객 만족도를 높이고 장기적인 고객 충성도를
구축할 수 있습니다.

7. 브랜드 가치의 강화

강력한 브랜드 이미지는 시장 내 경쟁 우위를 확보하는 데 있

어 핵심적인 역할을 합니다. 기업은 브랜드가 전달하고자 하는 가치와 정체성을 명확히 정립하고 이를 일관되게 커뮤니케이션 해야 합니다. 강력한 브랜드는 소비자의 신뢰를 쌓고 제품이나 서비스에 대한 인지도를 높여 줍니다. 또한 장기적으로는 브랜드 충성도를 바탕으로 시장에서의 우위를 확고히 할 수 있습니다.

8. 전략적 파트너십의 구축

혼자서 모든 것을 해결하기 어려운 경우가 많으므로 전략적 파트너십을 통해 시너지를 창출하고 경쟁 우위를 강화할 수 있습니다. 이는 공급망 관리, 기술 협력, 공동 마케팅 등 다양한 형태로 이루어질 수 있으며 기업이 자원을 효율적으로 활용하고, 새로운 시장 기회를 탐색하는 데 도움을 줄 수 있습니다.

시장 내 경쟁 우위를 확보하고 유지하기 위해 기업은 다양한 전략을 동시에 추구해야 합니다. 이러한 전략들은 상호 연결되어 있으며, 기업의 성공을 위해 함께 작용합니다. 중요한 것은 기업이 자신의 강점을 인식하고 이를 바탕으로 외부 환경의 변화에 능동적으로 대응하는 것입니다.

이러한 마케팅의 역할과 기능은 기업이 시장에서 성공적으로 자리 잡고 성장하는 데 있어서 필수적입니다. 시장의 변화와 소비자의 요구를 끊임없이 파악하고 이에 맞춰 전략을 조정하는 것이 중요합니다. 마케팅은 단순한 판매 기법이 아니라 기업과 소비자 사이의 지속 가능한 관계를 구축하는 과정입니다.

소규모 사업자를 위한
저비용 고효율의 마케팅 전략

소규모 사업자분들이라면 예산의 제약으로 큰 광고나 홍보 활동에 어려움을 겪을 수 있습니다. 하지만 걱정하지 마세요. 비용을 크게 들이지 않고도 효과적인 마케팅이 가능한 방법들이 있답니다.

1. 소셜 미디어 활용하기

소셜 미디어는 비용을 거의 들이지 않고도 많은 사람에게 도달할 수 있어요. 페이스북, 인스타그램, 트위터 같은 플랫폼에서 계정을 만들고, 정기적으로 유용하고 흥미로운 콘텐츠를 공유해 보세요. 또한, 고객들과 직접 소통할 수 있는 기회도 많아집니다.

고객들이 공감하고 공유하고 싶어하는 콘텐츠를 만드는 것이 중요해요. 사업과 관련된 유용한 정보, 이벤트 소식, 고객 후기 등을 활용해 보세요.

2. 구글 마이 비즈니스 활용하기

구글 마이 비즈니스는 비즈니스를 구글 검색 결과와 지도에 무료로 등록할 수 있는 서비스예요. 이를 통해 사업장의 위치, 영업시간, 연락처 등을 쉽게 알릴 수 있습니다.

고객들이 남긴 리뷰에 꼭 답변해 주세요. 이는 고객 서비스에 대한 신뢰를 높이고, 새로운 고객을 유치하는 데 도움이 됩니다.

3. 콘텐츠 마케팅

블로그나 유튜브 채널을 운영하여 전문성을 보여주고, 고객과의 관계를 강화할 수 있어요. 예를 들어 제품 사용법, 업계 소식, 관련 팁 등의 콘텐츠를 제공하면 좋습니다.

콘텐츠는 고객이 관심을 가질 만한 주제를 중심으로 구성하세요. SEO(검색 엔진 최적화) 기법을 활용해 검색 결과 상위에 노출될 수 있도록 노력해 보세요.

4. 이메일 마케팅

이메일 마케팅은 고객과 지속해서 소통할 수 있는 효과적인 방법의 하나예요. 뉴스레터나 프로모션 정보를 정기적으로 발송해 보세요.

고객의 동의를 받고 개인화된 이메일을 보내는 것이 중요해요. 고객의 관심사나 구매 이력에 맞는 맞춤형 콘텐츠를 제공해 보세요.

5. 파트너십과 협업

다른 사업체나 인플루언서와의 파트너십 또는 협업은 새로운 고객층에게 도달할 수 있는 좋은 방법입니다. 상호 보완적인 다른 사업체와 함께 이벤트를 주최하거나 공동 프로모션을 진행해 보세요.

협업은 양측의 고객 기반에게 새로운 가치를 제공해야 합니다. 협업의 목적과 기대 효과를 명확히 하고, 양측이 모두 만족할 수 있는 방안을 찾아야 합니다.

6. 고객 리뷰 활용

긍정적인 고객 리뷰는 신규 고객 유치에 매우 중요합니다. 만족한 고객들로부터 리뷰를 받아 사업체의 신뢰도를 높이세요.

고객이 리뷰를 쉽게 남길 수 있도록 안내하고, 리뷰를 남긴 고객에게 감사의 마음을 표현하는 소소한 선물이나 할인 쿠폰을 제공하는 것도 좋은 방법입니다.

7. 지역 사회 참여

지역 사회의 이벤트나 활동에 참여하여 사업체의 인지도를 높이고 지역 사회와의 좋은 관계를 구축할 수 있습니다.

지역 사회에서 주최하는 이벤트에 후원하거나 봉사 활동에 참여하는 것은 사업체에 긍정적인 이미지를 심어줄 수 있습니다.

8. 리퍼럴 프로그램 운영

기존 고객으로부터 새로운 고객을 유치하는 리퍼럴(추천) 프로그램을 운영해 보세요. 기존 고객이 새로운 고객을 소개할 때 양측 모두에게 혜택을 주는 방식입니다.

추천 받은 신규 고객에게는 첫 구매 할인을, 추천한 기존 고객에게는 포인트나 할인 쿠폰을 제공하는 것이 일반적입니다. 이를 통해 고객의 충성도를 높이고 신규 고객을 유치할 수 있습니다.

이처럼 다양한 저비용 고효율의 마케팅 전략을 통해 소규모 사업자분들도 효과적으로 사업을 홍보하고 성장시킬 수 있습니다. 마케팅 활동을 계획할 때는 사업의 특성과 타깃 고객의 특성을 잘 분석하여 가장 적합한 전략을 선택하는 것이 중요해요. 또한, 결과를 지속해서 모니터링하며 필요한 조정을 해 나가는 유연성도 필요합니다.

디지털 마케팅 도구 활용 방법

디지털 마케팅 도구를 효과적으로 활용하기 위해서는 먼저 명확한 목표 설정이 필요합니다. 타깃 고객을 정확히 분석하여 그들이 주로 사용하는 디지털 플랫폼을 파악해야 합니다. 이를 바탕으로 SNS, 이메일 마케팅, SEO, 콘텐츠 마케팅 등 다양한 도구를 적절히 조합하여 사용하며 광고 효과를 지속해서 분석하고 최적화하는 과정이 중요합니다. 마지막으로 고객 피드백을 적극적으로 수집하고 반영하여 고객 만족도를 높이는 것이 핵심입니다.

1. 콘텐츠 마케팅

유용하고 가치 있는 콘텐츠를 제공하여 타깃 고객의 관심을 끌고, 브랜드 인지도를 높이는 전략입니다. 블로그 글, 비디오, 인포 그래픽, 케이스 스터디 등 다양한 형태의 콘텐츠를 활용할 수 있 습니다.

고객이 관심을 가질 만한 주제를 선정하고, 고객의 문제를 해결해 줄 수 있는 유익한 정보를 제공하세요.

2. SEO(검색 엔진 최적화)

검색 엔진에서 웹사이트의 가시성을 높이기 위해 웹사이트의 구조, 콘텐츠, 링크 등을 최적화하는 기술입니다. 이를 통해 검색 결과에서 높은 순위를 차지할 수 있습니다.

관련 키워드를 적절히 사용하고, 고품질의 콘텐츠를 제공하며, 웹사 이트의 사용자 경험을 개선하세요.

3. 오프라인 마케팅

전통적인 오프라인 채널을 활용한 마케팅 전략입니다. 인쇄물, 방송 광고, 직접 우편, 전단지, 이벤트 참여 등이 포함됩니다.

타깃 고객이 주로 활동하는 오프라인 채널을 파악하고, 창의적이고
주목받을 수 있는 콘텐츠를 제공하세요.

4. 웹 세미나 및 온라인 코스

온라인을 통해 제공하는 웹 세미나(웹 기반 세미나)나 교육 코스
는 고객과의 교류를 증진하고, 브랜드의 전문성을 보여줄 좋은
방법입니다.

타깃 고객에게 유용할 만한 주제를 선정하고, 전문가나 영향력 있는
인사를 초청하여 내용의 질을 높이세요.

5. 리타겟팅 광고

웹사이트를 방문했거나 온라인에서 특정 행동을 한 사용자를
대상으로 다시 광고를 진행하는 전략입니다. 이는 관심이 있는
사용자들에게 브랜드를 다시 상기시켜 주는 효과가 있습니다.

사용자의 행동 데이터를 분석하여 관심을 보인 제품이나 서비스에
관련된 광고를 표시하세요.

6. 이벤트 마케팅

오프라인이나 온라인 이벤트를 개최하거나 참여하여 브랜드 인지도를 높이고 고객과의 직접적인 소통을 이루는 전략입니다.

이벤트를 통해 제공할 수 있는 독특하고 기억에 남는 경험을 고민하세요. 이벤트 후에도 참가자들과의 소통을 이어가세요.

7. 모바일 마케팅

스마트폰이나 태블릿 등 모바일 기기 사용자를 대상으로 하는 마케팅 전략입니다. 앱 광고, SMS 마케팅, 위치 기반 서비스 등이 포함됩니다.

모바일 사용자의 경험을 최우선으로 고려하고, 사용자의 위치나 행동 패턴을 분석하여 맞춤형 메시지를 전달하세요.

PART 2

초보자를 위한 마케팅 사례

농심의 신라면 브랜드 전략

농심의 신라면은 단순히 맛있는 라면을 넘어서 한국을 대표하는 문화 아이콘으로 자리 잡았습니다. 그리고 그 인기는 전 세계로 퍼져나가 많은 나라에서 사랑받는 글로벌 브랜드가 되었죠. 이처럼 신라면이 전 세계인의 입맛을 사로잡을 수 있었던 비결은 무엇일까요? 바로 신라면 브랜드 전략에 숨겨진 여러 가지 흥미로운 요소들 때문입니다.

신라면이 어떻게 전 세계적인 사랑을 받는 브랜드가 될 수 있었는지 알아보겠습니다.

첫째, 강렬한 맛의 정체성입니다. 신라면은 매운맛으로 유명한 데요, 이 매운맛이 강한 정체성을 형성하며 많은 사람에게 사랑받는 이유 중 하나가 되었습니다. 사람들은 신라면을 먹을 때 그 특유의 매운맛을 기대하며, 이런 맛의 정체성이 소비자들 사이에서 입소문을 타고 퍼지게 됩니다.

둘째, 글로벌 브랜드로의 확장입니다. 농심은 신라면을 단순히 한국 내에서만 판매하는 것이 아니라 전 세계로 수출하여 글로벌 브랜드로 자리 잡게 했습니다. 특히 미국, 중국, 일본 등 다양한 나라에서 신라면을 판매하여 글로벌 소비자들의 입맛을 사로잡았죠. 이 과정에서 농심은 각국의 식문화와 소비자 취향을 고려하여 현지화 전략도 적극적으로 펼쳤습니다.

셋째, 지속적인 제품 혁신입니다. 농심은 신라면의 기본 맛을 유지하면서도 다양한 변형 제품을 출시하여 소비자들의 다양한 취향을 만족시켜 왔습니다. 예를 들어 신라면 블랙, 신라면 건면 등 다양한 버전의 신라면을 선보이며 소비자들에게 새로운 맛의 경험을 제공했습니다.

넷째, 강력한 마케팅 전략입니다. 농심은 TV 광고, 소셜 미디어, 온라인 캠페인 등 다양한 채널을 통해 신라면을 적극적으로 홍보합니다. 특히 유명 인사를 활용한 광고나 창의적인 온라인 캠페인을 통해 소비자들의 관심을 끌고, 신라면의 브랜드 이미지를 강화해 왔습니다.

사나이 울리는 신라면(출처 : 농심 신라면 홈페이지)

이 외에도 농심은 지속가능성을 고려한 친환경 포장재 개발 등 사회적 책임을 이행하는 브랜드 전략도 펼치고 있습니다. 이런 다양한 전략들이 신라면을 단순한 라면 브랜드를 넘어서 전 세계적으로 사랑받는 글로벌 브랜드로 성장시킨 주요 요인들입니다.

신라면의 성공 사례는 다른 기업에도 큰 영감을 주며, 마케팅 전략을 세우는 데 있어 중요한 교훈을 제공합니다. 신라면 브랜드 전략에서 배울 수 있는 핵심 요소들을 살펴보면 기업이 시장에서 어떻게 차별화된 위치를 확립하고 지속 가능한 성장을 달성할 수 있는지에 대한 유용한 인사이트를 얻을 수 있습니다.

이러한 인사이트에는 몇 가지 중요한 포인트가 있습니다.

1. 문화적 융합과 현지화 전략 : 신라면이 글로벌 시장에서 성공한 중요한 요인 중 하나는 문화적 융합을 통한 현지화 전략입니다. 각국의 식문화와 소비자 취향을 이해하고 존중하며, 현지 시장에 맞는 제품을 개발하는 것이죠. 예를 들어 신라면은 해외 시장에서도 현지인들의 입맛에 맞춰 약간의 맛 변화를 주거나 현지 식재료와 잘 어울리는 방식으로 제품을 마케팅합니다. 이러한 접근 방식은 글로벌 브랜드가 다양한 문화권에서 성공하기 위한 핵심 전략 중 하나입니다.

2. 소셜 미디어와 디지털 마케팅의 활용 : 현대의 마케팅에서는 소셜 미디어와 디지털 채널의 중요성을 간과할 수 없습니다. 신라면은 창의적인 온라인 캠페인과 소셜 미디어를 통해 젊은 소비자들과 적극적으로 소통합니다. 이를 통해 브랜드 인지도를 높이고, 소비자들과의 긴밀한 관계를 구축하는 데 성공했습니다. 특히 유명 인플루언서나 셀럽과의 협업을 통해 브랜드의 매력을 더 널리 알리는 전략도 효과적으로 활용되었습니다.

3. 지속 가능성과 사회적 책임 : 현대 소비자들은 단순히 제품의 품질만이 아니라 기업이 지닌 가치와 사회적 책임을 중요하게 여깁니다. 농심은 환경친화적인 포장재 개발과 같은 지속 가능한 실천을 통해 이러한 소비자들의 요구에 부응하고 있습니다. 이는 브랜드의 긍정적인 이미지를 구축하고, 소비자들과 더 깊은 신뢰 관계를 형성하는 데 기여합니다.

카카오의 플랫폼 마케팅

카카오는 단순한 메신저 앱에서 출발해 이제는 생활의 거의 모든 영역을 아우르는 거대한 플랫폼으로 성장했습니다. 이처럼 카카오가 다양한 분야에서 성공을 거둘 수 있었던 비결 중 하나는 바로 그들만의 독특한 플랫폼 마케팅 전략에 있습니다. 카카오의 마케팅 전략을 살펴보며 그들의 성공 비결을 알아보겠습니다.

1. 사용자 중심의 서비스 개발

카카오는 사용자의 편의성을 최우선으로 생각합니다. 카카오톡을 시작으로 카카오스토리, 카카오뱅크, 카카오모빌리티 등 사용자의 일상생활과 밀접한 다양한 서비스를 제공하며 이를 통해 사용자들이 자연스럽게 카카오 플랫폼 내에서 더 많은 시간을 보내게 만듭니다.

2. 통합된 플랫폼 전략

카카오는 여러 서비스를 서로 연결하는 통합 플랫폼 전략을 사용합니다. 예를 들어 카카오톡 내에서 카카오뱅크로 손쉽게 이동할 수 있고 카카오맵을 통해 카카오모빌리티의 택시 호출 서비스를 이용할 수 있는 식입니다. 이러한 통합성은 사용자 경험을 향상하고 다양한 서비스 간의 시너지 효과를 창출합니다.

3. 협력과 파트너십

카카오는 다른 기업들과의 협력을 통해 새로운 가치를 창출합니다. 예를 들어 카카오뱅크는 기존 은행들과는 다른 모델로 금융 서비스를 제공하며, 카카오모빌리티는 기존의 택시 서비스와 협력하여 새로운 이동 수단을 제시합니다. 이런 협력을 통해 카카오는 사용자에게 더욱 다양하고 편리한 서비스를 제공할 수 있습니다.

4. 사용자 참여 유도

카카오는 다양한 이벤트와 프로모션을 통해 사용자의 참여를 유도합니다. 카카오톡 이모티콘, 카카오 프렌즈 캐릭터 상품 등은 사용자들로 하여금 카카오 브랜드에 대한 애정을 키우게 하며 이는 장기적인 고객 충성도로 이어집니다.

카카오의 플랫폼 마케팅 전략은 사용자 중심의 서비스 개발, 통합된 플랫폼 구축, 협력과 파트너십 구성, 그리고 사용자 참여 유도라는 네 가지 핵심 전략을 통해 성공적인 생태계를 구축하고 있습니다. 이제 이 전략들이 어떻게 구체적으로 실행되는지 그리고 우리에게 어떤 영향을 미치는지 좀 더 자세히 살펴보겠습니다.

5. 데이터 기반의 마케팅

카카오는 사용자의 데이터를 분석하여 맞춤형 서비스를 제공합니다. 예를 들어 사용자의 위치 정보, 검색 기록, 소비 패턴 등을 분석하여 사용자에게 가장 적합한 광고나 서비스 추천을 합니다. 이런 데이터 기반 접근 방식은 사용자 경험을 개인화하고 더욱 효과적인 마케팅을 가능하게 합니다.

6. 콘텐츠 마케팅

카카오는 카카오톡 채널, 카카오스토리, 다음Daum 뉴스 등을 통해 다양한 콘텐츠를 제공합니다. 이를 통해 사용자는 자연스럽게 최신 트렌드, 뉴스, 유용한 정보 등을 접하게 되고, 이 과정에서 카카오의 다양한 서비스와 더욱 밀접하게 연결됩니다. 콘텐츠 마케팅은 사용자에게 가치를 제공함으로써 브랜드 충성도를 높이는 데 중요한 역할을 합니다.

7. 사회적 책임과 연계

카카오는 사회적 가치 창출에도 주력합니다. 카카오같이가치 캠페인을 통해 사회적 기업이나 소상공인을 지원하고 카카오 임팩트 등을 통해 다양한 사회 문제에 대한 관심과 해결을 도모합니다. 이러한 활동은 카카오 브랜드를 단순한 이익 추구 기업이 아닌, 사회에 긍정적 영향을 미치는 기업으로 인식시키는 데 기여합니다.

8. 기술 혁신과 서비스 개선

카카오는 지속적인 기술 혁신을 통해 서비스를 개선하고 새로운 서비스를 선보입니다. 예를 들어 인공지능 기술을 활용한 카카오미니, 카카오i 등은 사용자의 생활을 더욱 편리하게 만들어 줍니다. 이처럼 기술 혁신은 카카오가 시장에서 지속해서 성장하고 경쟁력을 유지하는 데 핵심적인 역할을 합니다.

카카오의 플랫폼 마케팅 전략은 사용자의 일상 속 깊숙이 파고들어 그들의 생활과 밀접하게 연결되어 있습니다. 이는 카카오가 단순한 기술 기업을 넘어 사용자의 생활 속에서 필수적인 역할을 하는 생활 플랫폼으로 자리매김할 수 있게 한 주요 요인입니다. 또한 카카오는 사용자와의 지속적인 소통과 교감을 통해 그들의 요구와 기대에 부응하려는 노력을 계속하고 있습니다. 이런 접근 방식은 카카오의 서비스가 단순히 기술적인 면만을 추구하지 않고, 사용자의 삶의 질을 향상하는 데 중점을 두고 있음을 보여줍니다.

더 나은 세상을 만드는 카카오(출처 : 카카오 홈페이지)

현대카드의 디자인 마케팅

현대카드는 디자인을 단순히 '예쁜 것'을 넘어서, 자신들의 브랜드 정체성을 표현하고 소비자와 소통하는 중요한 수단으로 활용하고 있습니다.

먼저 현대카드는 카드 디자인 자체에 큰 신경을 씁니다. 일반적인 신용카드가 기능적인 측면에만 초점을 맞춘다면 현대카드는 사용자가 카드를 들고 다니며 사용하는 모든 순간에 '특별함'을 느낄 수 있도록 디자인에 심혈을 기울여요. 예를 들어 현대카드의 '디자인 라이브러리' 시리즈는 각기 다른 색상과 패턴, 소재를 사용해 사용자가 자신의 개성과 취향에 맞는 카드를 선택할 수 있도록 합니다. 이처럼 현대카드는 디자인을 통해 사용자의 개성을 존중하고, 그들의 일상에 조금 더 즐거움을 더해주려는 노력하고 있어요.

그리고 현대카드는 디자인을 통한 브랜드 경험을 제공하는 데에도 많은 투자를 합니다. '현대카드 뮤직 라이브러리', '현대카드 디자인 라이브러리'와 같은 공간은 단순히 책이나 음악을 제공하는 장소를 넘어서, 현대카드만의 디자인 철학과 가치를 경험할 수 있는 공간으로 꾸며져 있어요. 이러한 공간들은 방문하는 이들에게 영감을 주고, 현대카드라는 브랜드를 더욱 돋보이게 만듭니다.

또한 현대카드는 다양한 디자인 관련 행사와 전시를 후원하며 디자인 문화의 저변 확대에도 기여하고 있어요. 이는 단순히 현대카드의 제품이나 서비스를 홍보하는 것을 넘어서, 디자인을 사랑하는 사람들과 깊은 소통을 시도하고, 브랜드의 가치를 효과적으로 전달하는 방법이죠.

(출처 : 현대카드 홈페이지)

현대카드의 디자인 마케팅 전략은 단순히 물리적인 제품의 디자인에만 그치지 않고 브랜드가 추구하는 가치와 철학을 고객에게 전달하고, 그들과의 감성적인 연결고리를 만들어내는 데 중점을 두고 있어요. 이처럼 디자인을 통해 고객과 소통하고 브랜드 경험을 풍부하게 하는 현대카드의 접근 방식은 많은 기업들이 배울 만한 가치가 있습니다.

CJ제일제당의 비비고 브랜드 전략

'비비고'는 CJ제일제당이 전 세계에 한국의 맛을 알리기 위해 만든 브랜드입니다. '비비고'라는 이름 자체가 '잘 비비다'라는 의미가 있어 마치 우리 어머니가 정성스레 음식을 만들어 가족에게 대접하는 것처럼, 그런 따뜻함과 정성을 담고자 하는 브랜드 철학을 반영하고 있습니다.

1. 대중과의 소통 전략

비비고는 단순히 제품을 판매하는 데 그치지 않고 한국의 다양한 음식 문화를 전 세계에 알리고자 하는 목표를 가지고 있어요. 이를 위해 다양한 마케팅 전략을 활용하고 있죠. 예를 들어 소셜 미디어를 통해 다양한 한국 음식 레시피를 공유하거나 글로벌 시장에서 한국 음식 문화 행사를 개최하기도 합니다. 이런 활동들이 비비고 브랜드가 단순한 식품 브랜드를 넘어 한국 문화의 전달자로서 해야 할 역할을 강화하는 데 기여하고 있습니다.

2. 제품 다양성 전략

비비고는 김치, 만두, 떡볶이 등 다양한 한국 전통 음식을 쉽고 편리하게 즐길 수 있는 제품들을 선보이고 있어요. 이 제품들은 전통적인 맛을 유지하면서도 현대적인 패키징과 편의성을 갖추고 있죠. 이러한 접근은 전 세계 소비자들이 한국 음식을 쉽게 접하고 즐길 수 있도록 돕습니다. 또한 비비고는 지속해서 새로운 제품을 개발하며 소비자의 다양한 입맛과 요구를 만족시키고자 노력하고 있습니다.

3. 글로벌 전략

비비고는 한국뿐만 아니라 미국, 유럽, 아시아 등 전 세계 시장에서 활동하고 있어요. 이를 위해 각 지역의 식문화와 소비자 취향을 고려한 마케팅 전략을 펼치고 있습니다. 예를 들어 현지에서 인기 있는 맛이나 재료를 활용한 제품을 개발해 시장에 선보이기도 하고요. 이런 전략 덕분에 비비고는 글로벌 브랜드로서의 입지를 굳히며 한국 음식의 세계화에 크게 기여하고 있답니다.

4. 현지화 전략

비비고가 세계 시장에서 성공할 수 있었던 중요한 요인 중 하나는 바로 현지화 전략이에요. 각 나라의 식문화와 소비자의 취향에 맞춘 제품 개발과 마케팅 활동을 통해 비비고는 글로벌 브랜드로서의 정체성을 유지하면서도 현지에서의 수용성을 높이고 있죠. 예를 들어 비비고의 김치는 한국에서의 전통적인 맛은 유지하면서도 각국의 입맛에 맞게 약간의 변화를 준 제품을 선보이고 있어요. 이처럼 미묘한 조정을 통해 전 세계 소비자들에게 사랑받는 제품을 만들어내고 있습니다.

5. 디지털 마케팅 전략

비비고는 디지털 마케팅에도 적극적으로 투자하고 있어요. 소셜 미디어, 인플루언서 마케팅, 온라인 광고 등 다양한 디지털 채널을 활용해 브랜드 인지도를 높이고, 소비자와의 소통을 강화하고 있죠. 특히 요리 튜토리얼이나 레시피 공유 같은 콘텐츠는 소비자들이 쉽게 접근할 수 있으며 한국 음식에 대한 관심을 유도하는 데 효과적입니다.

6. 지속 가능성 전략

비비고는 지속 가능한 식품 생산과 소비에도 주목하고 있어요.

친환경 포장재 사용, 지속 가능한 원재료 조달 등을 통해 환경 보호에 기여하고자 노력하고 있습니다. 이는 현대 소비자들이 중요하게 여기는 가치 중 하나이며 비비고 브랜드가 사회적 책임을 다하는 모습을 보여줌으로써 소비자들의 신뢰를 얻는 데 도움이 되고 있죠.

비비고는 전통과 현대를 아우르는 제품 개발, 현지화와 글로벌 전략의 조화, 디지털 마케팅의 적극적 활용, 그리고 지속 가능성에 대한 고민까지 다양한 방면에서 뛰어난 전략을 선보이고 있습니다. 이러한 전략들 덕분에 비비고는 단순히 한국 음식을 세계에 알리는 것을 넘어 글로벌 식품 시장에서 중요한 위치를 차지하게 되었고, 한국 브랜드의 위상을 높이는 데 크게 기여하고 있어요. 이처럼 비비고의 성공은 단순히 제품의 우수성뿐만 아니라 체계적이고 다각적인 전략이 어우러진 결과라 할 수 있습니다.

(출처 : 비비고 글로벌 홈페이지)

아모레퍼시픽의 설화수 글로벌 전략

설화수는 아모레퍼시픽의 대표적인 고급 화장품 브랜드로 한국의 전통과 자연을 바탕으로 한 브랜드 철학을 가지고 있습니다. 이 브랜드는 한국의 아름다움을 전 세계에 알리고자 하는 목표로 글로벌 시장에 진출하게 되었습니다.

1. 현지화 전략

설화수는 각국의 문화와 소비자의 특성을 고려한 현지화 전략을 통해 글로벌 시장에 접근했어요. 예를 들어 중국 시장에서는 현지의 뷰티 트렌드와 소비자의 니즈를 반영하여 제품 라인업을 조정하고, 현지 유명 인플루언서와 협업하여 마케팅 활동을 진행했죠. 이처럼 각 나라의 문화와 시장 상황을 고려한 맞춤형 접근 방식은 설화수가 글로벌 브랜드로 성장하는 데 중요한 역할을 했습니다.

2. 브랜드 스토리텔링

설화수는 한국의 전통과 자연을 중심으로 하는 깊이 있는 브랜드 스토리텔링으로 전 세계 소비자들의 관심을 끌었습니다. 제품 개발에 한국 전통 약학의 지혜를 접목하고, 패키징 디자인에 한국의 전통 문양을 활용하는 등 한국의 아름다움을 제품 곳곳에 녹여냈죠. 이런 스토리텔링은 소비자들로 하여금 단순한 화장품을 넘어 문화와 예술을 경험하게 했습니다.

3. 지속 가능한 브랜드 가치

설화수는 지속 가능한 브랜드 가치를 중요시합니다. 환경을 보호하고, 사회적 책임을 다하는 다양한 활동을 통해 글로벌 소비자들에게 긍정적인 이미지를 심어주고 있죠. 이런 활동은 현대 소비자들이 중요하게 여기는 지속 가능성과 사회적 책임에 대한 가치를 충족시키며 브랜드에 대한 신뢰와 충성도를 높이는 데 기여하고 있습니다.

글로벌 시장에서의 성공을 위해 설화수는 디지털 마케팅에도 주목하고 있습니다. 소셜 미디어를 활용한 캠페인, 디지털 플랫폼에서의 현지화된 콘텐츠 제작 등을 통해 젊은 세대와의 소통을 강화하고 있습니다. 이러한 디지털 마케팅 전략은 글로벌 시장에서의 브랜드 인지도를 높이고 다양한 고객층과의 소통을 활발하게 만드는 데 중요한 역할을 하고 있습니다.

또한 설화수는 글로벌 시장에서의 경쟁력을 강화하기 위해 혁신적인 제품 개발에도 주력하고 있습니다. 최첨단 기술을 활용한 제품 개발과 한국의 전통적 지혜를 결합하여 차별화된 제품을 선보이고 있습니다. 이는 소비자들에게 새로운 사용 경험을 제공하며, 브랜드의 독특한 가치를 전달하는 데 크게 기여하고 있습니다.

글로벌 시장 진출을 위해 설화수는 해외 유명 백화점이나 면세점 등에서의 입점 전략을 적극적으로 활용하고 있습니다. 이는 브랜드의 가시성을 높이고, 글로벌 고객들에게 직접적으로 다가갈 기회를 제공합니다. 또한 현지에서의 팝업 스토어 운영이나 문화 행사 참여 등을 통해 브랜드의 문화적 가치와 이야기를 공유하며 고객과 깊은 연결을 도모하고 있죠.

이와 함께 설화수는 글로벌 시장에서의 고객 서비스 품질 향상에도 주력하고 있습니다. 다국어 고객 서비스 제공, 현지 문화에 맞는 서비스 프로토콜 개발 등을 통해 고객 만족도를 높이고 있어요. 이런 노력은 글로벌 시장에서의 브랜드 충성도를 높이는데 기여하며 장기적인 고객 관계를 구축하는 데 중요한 역할을 하고 있습니다.

설화수의 글로벌 전략은 현지화 전략, 브랜드 스토리텔링, 지속 가능한 가치 추구, 디지털 마케팅, 혁신적인 제품 개발, 가시성 확보 전략, 고객 서비스 품질 향상 등 다양한 측면에서 균형을 이루고 있습니다. 이러한 전략들은 설화수가 글로벌 럭셔리 화장품 시장에서 독특한 위치를 확보하고 전 세계 소비자들에게 사랑받는 브랜드로 성장하는 데 결정적인 역할을 하고 있습니다.

설화, 다시 피어나다(출처 : 설화수 홈페이지)

엔씨소프트의 게임 마케팅 전략

엔씨소프트는 우리나라의 대표적인 게임 개발 및 배급 회사 중 하나로 다양하고 성공적인 마케팅 전략으로 유명합니다. 여기서는 그들의 전략 중 몇 가지 핵심을 살펴보겠습니다.

1. 타깃 시장 분석과 맞춤형 전략

엔씨소프트의 성공 비결 중 하나는 바로 철저한 타깃 시장 분석과 그에 기반한 맞춤형 전략을 세우는 데 있습니다. 이 회사는 게임을 출시하기 전 해당 게임이 어떤 사람들에게 어필할지 면밀히 분석합니다. 이 과정에서 게이머들의 연령대, 성별, 취향, 게임에 대한 선호도 등 다양한 요소를 고려합니다. 분석 결과를 바탕으로, 예를 들어 MMORPG(다중 사용자 온라인 롤플레잉 게임) 장르를

좋아하는 사람들을 위해 '리니지'와 같은 게임에 집중하는 식의 전략을 구사합니다. 이렇게 타깃 오디언스의 특성에 맞춘 마케팅 활동은 게임의 인지도와 관심을 높이는 데 결정적인 역할을 합니다. 또한 이는 사용자가 게임에 더 깊이 몰입하고 장기간 충성도를 유지하도록 만드는 중요한 요소가 됩니다. 엔씨소프트는 이러한 전략을 통해 각 게임의 성공적인 론칭과 지속 가능한 성장을 끌어내고 있습니다.

2. 다양한 채널을 통한 마케팅

엔씨소프트는 다양한 마케팅 채널을 활용하여 게임을 대중에게 알립니다. 이는 전통적인 광고 매체는 물론 소셜 미디어, 인플루언서, 온라인 커뮤니티 등 현대적인 플랫폼을 포괄합니다. 특히 게이머들이 자주 이용하는 플랫폼 위주로 전략을 짜 각각의 장점을 최대한 활용하려 합니다. 예를 들어 유튜브나 트위치에서 인기 있는 게임 스트리머들과 협력하여 신작 게임의 플레이 영상을 공유하는 방식입니다. 이렇게 함으로써 게임에 대한 직접적인 경험과 리뷰를 시청자들에게 전달하며 신뢰성 있는 마케팅 효과를 누릴 수 있습니다. 또한 소셜 미디어 광고를 통해 특정 타깃 그룹에 맞춤형 메시지를 전달하며 온라인 커뮤니티에서는 게임에 대한 토론을 촉진하여 자연스러운 입소문을 유도합니다. 엔씨소프트는 이처럼 다채로운 마케팅 채널을 통해 게임의 인지도를 높이고, 궁극적으로 사용자 기반을 확장하는 데 성공하고 있습니다.

3. 커뮤니티와의 소통

엔씨소프트는 게이머 커뮤니티와의 활발한 소통을 통해 높은 사용자 만족도를 달성하고 있습니다. 이 회사는 공식 포럼, 소셜 미디어 채널, 그리고 직접 주최하는 온라인 및 오프라인 이벤트를 통해 사용자들과 직접 대화합니다. 이를 통해 게이머들의 피드백을 실시간으로 수집하고 이를 게임 개선과 업데이트에 반영함으로써 사용자의 기대에 부응합니다. 또한 게이머들이 자신들의 의견이 회사에 의해 진지하게 고려되고 있다는 것을 느낄 수 있게 함으로써 커뮤니티 내에서의 긍정적인 관계를 구축합니다. 이러한 활발한 소통은 사용자들 사이에서 신뢰감을 형성하고, 장기적인 충성도를 끌어올리는 데 크게 기여하고 있습니다.

4. 글로벌 시장 공략

엔씨소프트는 국내 시장뿐만 아니라 글로벌 시장에서도 큰 성공을 거두고 있습니다. 이를 위해 각 지역의 문화와 시장 특성에 맞는 전략적 접근을 시도합니다. 예를 들어 북미나 유럽 시장에서는 현지 문화를 반영한 마케팅 캠페인을 진행하며 현지 언어로 서비스를 제공합니다.

　이러한 전략들은 엔씨소프트가 글로벌 게임 시장에서 지속해
서 성장하고 성공할 수 있는 원동력이 되었습니다.

애플의 Think Different 캠페인

애플의 '씽크 디퍼런트Think Different' 캠페인은 정말 흥미로운 사례
입니다. 1997년에 시작된 이 캠페인은 단순히 기술 제품을 판매
하는 것을 넘어서 사람들이 보는 세상의 방식을 바꾸려는 애플
의 꿈과 비전을 보여줍니다. 이 캠페인은 특히 창의적이고 혁신적
인 사람들, 즉 세상을 변화시킬 수 있는 능력을 갖춘 사람들을 대
상으로 합니다.

'씽크 디퍼런트' 캠페인은 광고 역사상 가장 기억에 남는 캠페
인 중 하나로 애플이 그저 다른 기술 회사가 아니라는 것을 세상
에 알렸죠. 이 캠페인은 알버트 아인슈타인, 마틴 루터 킹 주니
어, 마하트마 간디와 같은 역사적 인물들의 이미지를 사용하여
이들처럼 생각하고 행동하는 사람들이 애플 제품을 사용한다는

메시지를 전달했습니다.

이 캠페인의 핵심 메시지는 '다르게 생각하기'입니다. 애플은 사람들이 기존의 틀을 깨고, 창의적이고 혁신적인 방식으로 문제를 해결할 수 있도록 독려하고자 했습니다. 이는 단순히 제품을 넘어서 사람들이 자신의 생활과 일, 그리고 세상을 바라보는 방식에 영향을 미치려는 애플의 시도였죠.

'씽크 디퍼런트' 캠페인이 성공할 수 있었던 이유 중 하나는 애플이 단지 광고를 만드는 데 그치지 않고 그 메시지를 실제로 실천했다는 점입니다. 애플은 혁신적인 제품과 기술로 세계를 변화시켰고, 그 과정에서 '다르게 생각하기'의 중요성을 계속 강조했습니다.

이 캠페인은 마케팅이 단순히 제품을 판매하는 것이 아니라 브랜드의 가치와 비전을 전달하는 것임을 보여줍니다. 또한 소비자와 깊은 감정적 연결을 만들어내며 사람들이 브랜드에 충성도를 갖게 만드는 강력한 방법임을 입증했죠.

첫째로, '씽크 디퍼런트' 캠페인은 브랜드 스토리텔링의 훌륭한 예입니다. 애플은 단순히 제품의 기능이나 성능을 나열하는 대신, 감동적이고 영감을 주는 이야기를 통해 사람들과 깊은 정서적 연결을 만들어냈습니다. 이러한 접근 방식은 소비자들이 애플 브랜드를 단순한 기술 회사가 아닌, 자신들의 꿈과 이상을 실현할 수 있도록 도와주는 동반자로 인식하게 했습니다.

둘째로, 이 캠페인은 타겟 오디언스를 명확히 정의하는 중요성을 보여줍니다. 애플은 '다르게 생각하는' 사람들, 즉 창의적이고 혁신적인 사고를 하는 사람들을 자신들의 핵심 타겟으로 설정했습니다. 이는 애플 제품이 단순한 기술적 우수성을 넘어 사용자의 창의력과 혁신을 지원하는 도구임을 강조합니다. 마케팅 메시지가 명확한 타겟 오디언스에게 전달될 때 그 효과는 배가 됩니다.

셋째로, '씽크 디퍼런트' 캠페인은 브랜드가 가지고 있는 깊은 가치와 철학을 고객에게 전달하는 것이 얼마나 중요한지를 보여줍니다. 애플은 단지 기술 제품을 판매하는 것이 아니라 '다르게 생각하기'라는 생각 방식을 판매하고 있었습니다. 이는 소비자들이 애플 제품을 구매할 때 단순히 기능적인 만족을 넘어서, 자신들의 신념과 가치관을 표현하는 것으로 여기게 했습니다.

넷째로, 애플은 '씽크 디퍼런트' 캠페인을 통해 브랜드 아이덴티티를 강화했습니다. 이 캠페인은 애플이 단순히 다른 기술 회사와 다르다는 것을 넘어서 혁신과 창의력의 상징으로 자리매김하게 했습니다. 이러한 강력한 브랜드 이미지는 소비자들이 애플 제품을 선택하는 주요한 이유 중 하나가 되었습니다.

마지막으로, '씽크 디퍼런트' 캠페인은 지속적인 브랜드 메시지의 중요성을 강조합니다. 애플은 이 캠페인을 시작한 이후로도 계속해서 혁신과 창의력을 중심으로 한 메시지를 일관되게 전달해 왔습니다. 이는 소비자들이 시간이 지나도 변하지 않는 애플의 가치와 철학을 인식하고, 브랜드에 대한 신뢰와 충성도를 높이는 데 기여했습니다.

아이폰의 브랜드 포지셔닝 전략

아이폰은 애플Apple의 대표적인 제품이면서 전 세계 스마트폰 시장에서 매우 독특하고 강력한 위치를 차지하고 있습니다. 이런 아이폰의 성공 뒤에는 몇 가지 핵심적인 전략이 있습니다.

첫째, 혁신과 품질에 대한 집중입니다. 아이폰은 출시될 때마다 혁신적인 기능과 탁월한 사용자 경험을 제공하는 것으로 유명해요. 예를 들어 멀티터치 스크린, 앱스토어 도입 등 많은 기능이 아이폰을 통해 처음 소개되었죠. 이런 혁신은 사용자들에게 '아이폰=혁신'이라는 인식을 심어주었습니다.

둘째, 라이프스타일 브랜딩입니다. 아이폰은 단순한 통신 도구를 넘어 사용자의 라이프스타일과 밀접하게 연결되어 있다는 이미지를 강조해요. 예술, 음악, 사진 등 다양한 콘텐츠를 즐기고 창조하는 현대인의 필수 아이템으로 자리 잡게 된 거죠. 이런 접근은 아이폰을 사용하는 것이 하나의 문화나 트렌드라는 인식을 만들어냈습니다.

셋째, 프리미엄 브랜드 전략입니다. 아이폰은 항상 고급스러움과 최상의 품질을 강조합니다. 높은 가격대에도 불구하고, 많은 사람이 아이폰을 구매하는 것은 그만큼 브랜드에 대한 신뢰와 가치 인식이 높기 때문이죠. 이런 전략은 아이폰을 단순한 제품이 아닌 일종의 '스테이터스 심볼'로 만들어주었습니다.

넷째, 강력한 에코시스템 구축입니다. 아이폰은 애플의 다양한 제품과 서비스와 긴밀하게 연동되어 있어요. 예를 들어 아이맥, 아이패드, 애플 워치와의 원활한 연결성은 사용자들에게 편리함을 제공하며 이는 고객들이 애플 생태계에 더 깊이 빠져들게 만듭니다. 한 번 아이폰 사용자가 되면 다른 애플 제품을 사용해보고 싶어지고 결국에는 애플의 에코시스템 안에서 머물게 되는 겁니다.

이처럼 아이폰은 혁신적인 기술, 라이프스타일 브랜딩, 프리미엄 브랜드 이미지, 그리고 강력한 에코시스템을 통해 시장에서 독보적인 위치를 차지하고 있습니다. 이런 전략은 아이폰뿐만 아니라 애플 전체의 브랜드 포지셔닝에 큰 영향을 미치고 있습니다. 애플은 이러한 전략을 통해 소비자들에게 단순히 제품을 파는 것이 아니라, 하나의 가치와 경험을 팔고 있다고 볼 수 있습니다. 그렇기 때문에 소비자들은 아이폰을 구매함으로써 자신들이 속한 커뮤니티, 신념, 심지어는 자아상을 표현하는 수단으로 여기게 됩니다.

이런 전략의 성공은 몇 가지 중요한 마케팅 수단을 통해 더욱 강화됩니다.

- 브랜드 스토리텔링 : 애플은 자사의 제품을 단순한 기능의 집합체로 보지 않고 사용자의 삶을 변화시킬 수 있는 혁신적인 도구로 포지셔닝합니다. 이를 통해 소비자들은 애플 제품을 사용함으로써 자신들의 삶이 어떻게 개선될 수 있는지를 상상하게 됩니다.
- 감성 마케팅 : 애플은 광고와 프로모션을 통해 감성적인 메시지를 전달합니다. 예를 들어 사람들이 서로 연결되어 있

고 창의적인 활동을 하는 모습을 강조함으로써, 소비자들이 애플 제품을 통해 더 풍부하고 의미 있는 삶을 살 수 있을 것이라는 느낌을 줍니다.

· 고객 경험의 우선시 : 애플은 제품의 디자인뿐만 아니라 사용자 인터페이스UI와 사용자 경험UX에도 많은 투자를 합니다. 이는 사용자가 제품을 사용할 때 느끼는 직관성과 만족도를 극대화하여, 브랜드에 대한 긍정적인 인상을 심어줍니다.

· 독점적인 판매 전략 : 애플은 자사의 제품을 판매하기 위해 애플 스토어와 같은 독점적인 유통 채널을 사용합니다. 이를 통해 제품 판매 과정을 완벽하게 통제하고, 고객 서비스의 질을 높여 브랜드 이미지를 강화합니다.

아이폰의 브랜드 포지셔닝 전략은 단순히 제품을 넘어서 브랜드가 지닌 가치와 철학을 소비자에게 전달하는 것에 중점을 두고 있습니다. 이를 통해 애플은 전 세계 수많은 충성 고객을 확보하고, 시장에서 독보적인 위치를 유지하고 있습니다. 이와 같은 전략은 다른 기업에도 중요한 교훈을 제공하며 효과적인 브랜드 포지셔닝의 예로 자주 거론됩니다.

코카콜라의 글로벌 마케팅 전략

코카콜라는 말 그대로 세계에서 가장 유명한 음료 브랜드 중 하나로, 그들의 글로벌 마케팅 전략은 정말로 대단한 것이 많습니다. 이 회사가 어떻게 그토록 많은 사람의 사랑을 받게 되었는지 그 전략에 대해 쉽게 이야기해 보겠습니다.

1. 브랜드 일관성

브랜드 일관성은 소비자에게 일정한 경험을 제공하는 코카콜라의 중요 전략입니다. 전 세계 어디서나 코카콜라는 동일한 맛을 제공하기 위해 엄격한 품질 관리를 실시합니다. 이는 원재료 선택부터 최종 제품까지 모든 과정에서 일관된 기준을 적용함으로써 가능해집니다.

코카콜라는 긍정적이고 보편적인 브랜드 메시지를 전 세계적으로 일관되게 전달합니다. '행복을 나눠요'와 같은 메시지는 광고, 스폰서십, 이벤트 등을 통해 강조되며 전 세계 사람들에게 공감을 불러일으킵니다.

시각적 요소에서도 일관성을 유지합니다. 코카콜라의 로고, 빨간색과 하얀색의 색상 조합, 특정 글꼴 사용은 소비자가 어느 나라에서든 쉽게 제품을 인식하고 브랜드와의 친숙함을 느낄 수 있게 합니다.

또한 코카콜라는 포장 디자인, 프로모션, 고객 서비스 등 모든 접점에서 일관된 경험을 제공합니다. 이는 소비자가 제품을 구매하고 소비하는 전 과정에서 동일한 경험을 할 수 있도록 보장합니다.

이처럼 브랜드 일관성은 소비자에게 신뢰와 친숙함을 제공하며 브랜드 인지도를 높이고 충성도를 증가시킵니다. 코카콜라의 일관된 브랜드 관리 전략은 그들의 글로벌 성공에 핵심적인 역할을 합니다.

2. 문화적 적응

문화적 적응은 글로벌 브랜드가 다양한 국가와 지역에서 성공적으로 활동하기 위해 필수적인 과정입니다. 이 과정에서 브랜드는 자신의 제품, 서비스, 마케팅 전략을 해당 지역의 문화, 가치, 관습에 맞게 조정합니다. 코카콜라의 경우 전 세계 어디서나 동일한 맛을 제공하면서도, 각 지역의 문화적 특성을 반영한 마케팅 전략을 펼치는 것으로 유명합니다.

예를 들어 코카콜라는 중국에서는 전통 춘절(설날)을 기념하는 특별한 광고 캠페인을 진행하여 중국인의 가족 가치와 전통을 존중합니다. 반면, 미국에서는 크리스마스 시즌에 산타클로스와 함께하는 캠페인을 통해 축제 분위기를 조성하고 소비자와 감정적으로 연결됩니다.

문화적 적응은 단순히 광고 캠페인에만 국한되지 않습니다. 포장 디자인, 제품 이름, 심지어 맛의 변형까지도 포함할 수 있습니다. 예를 들어 코카콜라는 일부 지역에서는 당 함량을 조절하거나 현지에서 인기 있는 특정 맛을 추가하여 소비자의 기호에 맞춥니다.

문화적 적응을 통해 코카콜라와 같은 글로벌 브랜드는 현지 시장에서의 소비자와의 관계를 강화하고, 더 넓은 수용을 끌어내며, 결국 브랜드 충성도와 시장 점유율을 증가시키는 효과를 누릴 수 있습니다. 이러한 전략은 브랜드가 전 세계적으로 일관된 이미지를 유지하면서도 각 지역의 독특한 문화적 요구와 기대에 부응할 수 있게 해줍니다.

3. 감성적 연결

코카콜라의 마케팅 전략에서 감성적 연결은 매우 중요한 부분을 차지합니다. 이는 소비자가 브랜드를 단순히 제품이나 서비스로만 보지 않고, 감정적으로 깊이 연결될 수 있도록 하는 전략입니다. 코카콜라는 전 세계적으로 보편적이고 긍정적인 감정을 자극하는 메시지를 전달함으로써 사람들과 감성적으로 소통합니다.

코카콜라의 광고 캠페인은 대부분 행복, 우정, 사랑, 가족 같은 주제를 다룹니다. 이러한 주제는 전 세계적으로 공감을 불러일으키며, 소비자가 브랜드를 긍정적이고 따뜻한 감정과 연결 지을 수 있도록 합니다. "행복을 나눠요"와 같은 슬로건은 이러한 감성적 연결을 잘 나타내는 예입니다.

감성적 연결은 또한 특별한 순간이나 기억과 코카콜라를 연결 지음으로써 강화됩니다. 크리스마스 시즌 산타클로스와 함께하는 코카콜라 광고는 많은 사람들에게 즐거운 명절 기억과 연결되며, 이는 소비자가 코카콜라를 선택할 때 감정적인 요소를 고려하게 만듭니다.

이처럼 코카콜라는 다양한 마케팅 활동을 통해 감성적 연결을 강화합니다. 이는 소비자들이 코카콜라를 마실 때 단순히 목마름을 해소하는 것 이상의 경험을 하도록 만들며 이는 고객 충성도와 브랜드 가치를 높이는 데 중요한 역할을 합니다. 결국 감성적 연결은 브랜드와 소비자 사이의 깊은 관계를 형성하고, 장기적으로 브랜드의 성공을 이끄는 핵심 요소가 됩니다.

4. 지속 가능성과 사회적 책임

기업은 단순히 이윤 창출의 수단으로만 기능하는 것이 아니라 환경 보호, 사회적 책임, 윤리적 경영 등을 통해 긍정적인 사회적 영향을 미치는 역할을 수행해야 합니다. 코카콜라 같은 글로벌 기업은 이러한 영역에서 선도적인 역할을 하며 지속 가능한 발전과 사회적 책임을 위한 다양한 노력을 기울이고 있습니다.

코카콜라는 지속 가능한 포장, 물 사용 최소화, 재활용 증진 등 여러 방면에서 환경 보호 노력을 전개하고 있습니다. 예를 들어 코카콜라는 100% 재활용할 수 있는 포장재 사용을 목표로 설정하고, 플라스틱 폐기물 감소를 위해 노력하고 있습니다. 또한 물 자원의 효율적 사용과 보호를 위해 물 사용량을 줄이고, 사용한 물을 정화하여 자연으로 돌려보내는 프로젝트를 진행하고 있습니다.

사회적 책임 측면에서는, 코카콜라는 지역 사회 발전, 교육 지원, 재난 구호 활동 등에 적극적으로 참여합니다. 예를 들어 전세계 여러 지역에서 교육 프로그램을 지원하고 청소년을 위한 리더십 개발 프로그램을 운영합니다. 또한 자연재해가 발생했을 때 구호 물품 제공 및 재건 지원 활동을 통해 피해 지역 사회에 도움을 제공합니다.

이러한 노력은 코카콜라가 지역 사회와 환경에 대한 책임을 인식하고, 긍정적인 영향을 미치려는 의지를 반영합니다. 지속 가능성과 사회적 책임을 중시하는 기업 문화는 소비자들의 신뢰를 얻고, 브랜드 이미지를 강화하는 데 중요한 역할을 합니다. 결국 이러한 접근 방식은 기업의 장기적인 성공과 사회적 가치 창출이라는 두 가지 목표를 동시에 달성하는 데 기여합니다.

5. 스폰서십과 파트너십

스폰서십과 파트너십은 기업이 브랜드 인지도를 높이고, 긍정적인 브랜드 이미지를 구축하기 위해 사용하는 전략 중 하나입니다. 이는 특히 코카콜라와 같은 글로벌 기업에 있어서 중요한 마케팅 도구로 활용됩니다. 코카콜라는 다양한 스포츠 이벤트, 문화 행사, 사회적 캠페인 등에 스폰서로 참여하거나 파트너십을 맺음으로써 전 세계적으로 브랜드의 가치를 전달하고, 소비자와의 긍정적인 관계를 구축합니다.

스포츠 스폰서십은 코카콜라의 마케팅 전략에서 두드러지는 부분입니다. 코카콜라는 오랜 기간 동안 올림픽, FIFA 월드컵 등 전 세계적으로 주목받는 스포츠 이벤트의 공식 스폰서로 활동해 왔습니다. 이러한 스폰서십을 통해 코카콜라는 글로벌 브랜드로서의 이미지를 강화하고, 다양한 국가와 문화에서 사랑받는 브랜드로 자리매김할 수 있었습니다.

문화 및 사회적 파트너십도 코카콜라의 중요한 전략 중 하나입니다. 예를 들어 음악, 영화, 미술 등 다양한 문화 행사와의 협력을 통해 코카콜라는 젊은 세대와의 연결고리를 강화합니다. 또한 지속 가능성, 교육, 건강 증진과 같은 사회적 가치를 중심으로 한 캠페인에 참여함으로써 기업의 사회적 책임을 실천합니다.

(출처 : 한국 코카콜라 홈페이지)

스폰서십과 파트너십을 통한 이러한 활동은 코카콜라가 전달하고자 하는 브랜드 메시지를 효과적으로 전파하는 데 도움을 줍니다. 또한, 소비자와의 감성적 연결을 강화하고, 다양한 사회적 이니셔티브에 기여함으로써 긍정적인 브랜드 인식을 구축합니다. 이는 최종적으로 소비자 충성도와 브랜드 가치를 높이는 중요한 역할을 하며, 기업의 장기적인 성공에 기여합니다.

이런 전략들 덕분에 코카콜라는 전 세계 어디서나 사랑받는 브랜드가 될 수 있었습니다.

스타벅스의 경험 마케팅

스타벅스는 단순히 커피를 판매하는 곳 이상의 의미가 있습니다. 스타벅스에서는 '경험 마케팅'이라는 전략을 통해 사람들이 커피를 마시는 것을 넘어서 특별한 경험을 즐길 수 있도록 합니다. 이는 스타벅스를 단순한 커피숍이 아닌, '제3의 공간'으로 만들어 줍니다. 여기서 '제3의 공간'이란 집(제1의 공간)이나 일터(제2의 공간) 외에 사람들이 모여 교류하고 휴식을 취할 수 있는 장소를 의미합니다.

스타벅스 경험 마케팅의 핵심 요소들은 다음과 같습니다.

1. 매장 분위기

스타벅스는 따뜻하고 편안한 매장 분위기를 조성합니다. 부드러운 조명, 편안한 의자, 매장 곳곳에 배치된 아트워크 등이 이를 가능하게 합니다. 이런 분위기는 사람들이 친구나 동료와 대화를 나누거나, 혼자서 책을 읽거나 일을 하는 데 이상적인 환경을 제공해 줍니다.

2. 고객 맞춤형 서비스

스타벅스는 고객의 이름을 불러주고, 개인의 취향에 맞는 커피를 제공하는 등 개인화된 서비스를 제공합니다. 이런 서비스는 고객이 특별하고 중요하다고 느끼게 해줍니다.

3. 지역 사회와의 연결

스타벅스는 지역 사회의 일원으로서 다양한 지역 행사나 사회 공헌 활동에 참여합니다. 이는 스타벅스가 단순한 비즈니스가 아니라, 지역 사회의 책임 있는 구성원으로 자리 잡는 데 도움을 줍니다.

4. 지속 가능성

환경 보호와 지속 가능한 원두 조달에 대한 스타벅스의 노력도 중요한 부분입니다. 이는 환경에 대한 관심이 높은 고객들에게 긍정적인 이미지를 심어줍니다.

이런 전략의 성공은 몇 가지 중요한 마케팅 수단을 통해 더욱 강화됩니다.

· 디지털 마케팅 : 스타벅스는 소셜 미디어, 모바일 앱 등 다양한 디지털 채널을 통해 고객과의 소통을 강화하고 있습니다. 특히 스타벅스 앱은 결제, 멤버십 포인트 적립, 매장 찾기 등 다양한 기능을 제공하여 고객 경험을 한층 더 편리하게 만들어줍니다.
· 한정판 제품과 시즌 메뉴 : 스타벅스는 계절마다 새로운 메뉴를 출시하거나 특별한 이벤트를 기념하는 한정판 제품을 선보입니다. 이는 고객들이 새로운 것을 경험할 기회를 제공하며, 스타벅스를 더 자주 방문하게 만드는 요인 중 하나가 됩니다.

스타벅스 경험 마케팅의 지속적인 발전

스타벅스는 시대의 변화와 고객의 요구에 발맞춰 지속해서 자신들의 경험 마케팅 전략을 발전시켜 왔습니다. 예를 들어 최근 몇 년간 강조되고 있는 '비대면 서비스'의 중요성을 인식하고, 모바일 오더 및 픽업 서비스를 강화하는 등의 노력을 해왔습니다. 이를 통해 바쁜 아침 시간에도 줄을 서지 않고 미리 주문한 커피를 받아 갈 수 있도록 하여, 고객 경험을 한층 더 편리하게 만들었습니다.

또한 스타벅스는 지속 가능한 환경을 위한 노력의 하나로 재활용할 수 있는 컵 사용을 장려하고 있습니다. 이러한 환경 보호 활동은 특히 환경에 대한 관심이 높은 젊은 세대의 고객들에게 긍정적인 영향을 미칩니다.

스타벅스가 마케팅을 통해 전달하고자 하는 가치

스타벅스의 경험 마케팅 전략은 단순히 커피를 판매하는 것을 넘어, '소속감', '편안함', '지속 가능성'과 같은 가치를 전달하려고 합니다. 이는 고객들이 스타벅스와의 연결고리를 단지 커피의 맛으로만 한정하지 않고 브랜드가 추구하는 가치와 철학에 공감하게 만듭니다. 그 결과 고객들은 스타벅스를 단순한 커피숍이 아닌, 자신의 일상에 깊이 통합된 브랜드로 인식하게 됩니다.

스타벅스의 경험 마케팅 전략은 단순히 제품을 넘어서 고객에게 감동을 주고, 브랜드에 대한 충성도를 높이는 데 중요한 역할을 합니다. 이러한 전략은 다른 기업에도 좋은 사례가 되며, 고객 중심의 서비스가 얼마나 중요한지를 보여줍니다. 스타벅스는 앞으로도 고객의 요구와 시대의 흐름을 읽으며, 사람들에게 새로운 경험과 가치를 제공하기 위해 노력할 것입니다.

(출처 : 스타벅스 코리아 홈페이지)

아마존의 타깃 마케팅

아마존은 전 세계에서 가장 큰 온라인 쇼핑몰 중 하나로 다양한 상품을 제공하며 수많은 고객에게 서비스를 제공하고 있습니다. 이렇게 방대한 상품과 고객을 가진 아마존이 성공할 수 있는 비결 중 하나가 바로 '타깃 마케팅'에 있습니다.

타깃 마케팅이란?

타깃 마케팅이란 특정 고객 집단을 대상으로 마케팅 활동을 집중하는 전략을 말합니다. 즉 전체 시장을 대상으로 일률적인 마케팅을 펼치기보다는 특정 집단을 정확히 타겟팅하여 그들의 관심사, 구매 습관, 선호도 등에 맞춘 마케팅을 전개하는 것을 말합니다.

아마존의 타깃 마케팅 전략

1. 데이터 분석을 통한 개인화

아마존은 고객의 검색 기록, 구매 이력, 시청 내역 등 방대한 데이터를 분석하여 개인 맞춤형 상품을 추천합니다. 이는 고객에게 매우 특화된 쇼핑 경험을 제공하며, 고객의 만족도와 재구매율을 높입니다.

2. 프라임 멤버십 프로그램

아마존 프라임 멤버십은 배송 혜택, 스트리밍 서비스 등 다양한 혜택을 제공하며, 특히 자주 구매하는 고객들을 타깃으로 합니다. 이 프로그램은 고객의 충성도를 높이고, 장기적인 관계를 유지하는 데 기여합니다.

3. 시즌 및 이벤트 기반 마케팅

아마존은 크리스마스, 블랙 프라이데이 등 다양한 시즌과 이벤트에 맞춘 마케팅을 진행합니다. 이를 통해 해당 시즌에 관심이 높은 고객들을 대상으로 특별 프로모션을 제공합니다.

관련된 내용은 다음과 같습니다.

· 고객 리뷰 활용 : 아마존은 고객 리뷰를 중요하게 생각하며, 이를 통해 고객의 의견을 제품 개선과 마케팅 전략에 반영합니다. 또한, 신뢰할 수 있는 리뷰를 통해 다른 고객의 구매 결정에 영향을 줍니다.

· 다양한 플랫폼 활용 : 아마존은 자체 웹사이트 외에도 모바일 앱, 알렉사(음성 인식 기반 서비스), 타블렛 등 다양한 플랫폼을 통해 고객과 소통합니다. 이를 통해 고객의 접근성을 높이고, 다양한 채널에서의 쇼핑 경험을 제공합니다.

아마존의 타깃 마케팅 전략은 단순히 제품을 판매하는 것을 넘어서 고객과의 지속적인 관계를 구축하는 데에도 중점을 둡니다. 아마존이 이를 어떻게 실행에 옮기는지 좀 더 구체적으로 살펴보겠습니다.

고객 경험 최우선

아마존은 고객 경험을 최우선 가치로 여깁니다. 이는 웹사이트의 사용자 인터페이스부터 시작해 검색 알고리즘, 고객 서비스까지 모든 영역에서 고객의 편의를 최대한 고려하고 있음을 의미합니다. 예를 들어 아마존의 사용자 인터페이스는 매우 직관적이어서 누구나 쉽게 원하는 상품을 찾고 구매할 수 있습니다. 또한 고객이 상품을 검색할 때마다 아마존은 이 데이터를 활용하여 개인에게 맞춤화된 상품을 추천해 줍니다.

기술의 활용

아마존은 최첨단 기술을 활용한 혁신적인 서비스를 제공함으로써 고객의 쇼핑 경험을 지속해서 개선하고 있습니다. 예를 들어 아마존의 '알렉사'는 음성 인식 기능을 통해 사용자의 생활을 편리하게 만들어 줍니다. 또한, '아마존 고Amazon Go'와 같은 무인 매장은 체크아웃 없이 쇼핑할 수 있는 경험을 제공하여 오프라인에서의 쇼핑 편의성을 크게 향상했습니다.

지속 가능성과 사회적 책임

아마존은 환경 보호와 지속 가능성에도 주목하고 있으며 이는 타깃 마케팅 전략의 중요한 부분을 차지합니다. 예를 들어 아마존은 친환경 포장재 사용을 늘리고 탄소 배출을 줄이기 위한 노력을 하고 있습니다. 이러한 노력은 환경을 중요시하는 고객들에게 긍정적인 메시지를 전달하며 이러한 가치를 공유하는 고객들과의 관계를 강화합니다.

아마존의 타깃 마케팅 전략은 단순히 제품을 판매하는 것을 넘어서 고객의 니즈를 깊이 이해하고, 그에 맞추어 개인화된 경험을 제공하려는 노력에서 비롯됩니다. 이를 위해 아마존은 데이터 분석, 기술 혁신, 고객 경험의 최적화, 지속 가능성과 같은 다양한 방면에서 지속적인 개선과 혁신을 추구하고 있습니다. 이러한 전략은 아마존이 글로벌 시장에서 지속해서 성장할 수 있는 원동력이 되고 있습니다.

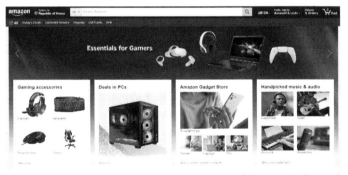

(출처 : 아마존 홈페이지)

페이스북의 소셜 미디어 마케팅

페이스북은 소셜 미디어 마케팅의 선두 주자 중 하나로, 다양한 기업들이 자신의 브랜드를 알리고 고객들과 소통하는 데 있어 중요한 역할을 하고 있습니다. 페이스북을 통한 마케팅 방법과 전략에 대해 쉽게 이야기해 보겠습니다.

1. 타겟 광고

페이스북의 큰 특징 중 하나는 매우 세밀한 타겟팅이 가능하다는 점입니다. 연령, 성별, 관심사, 지역 등 다양한 기준을 설정하여 정확한 타겟층에게 광고를 전달할 수 있어요. 이는 광고의 효율성을 극대화하며 마케팅 비용 대비 높은 효과를 기대할 수 있게 합니다.

2. 컨텐츠 마케팅

페이스북에서는 다양한 형태의 콘텐츠를 활용할 수 있습니다. 텍스트, 이미지, 비디오 등 다양한 형태의 포스트를 통해 고객과의 상호작용을 끌어내고, 브랜드의 이야기를 효과적으로 전달할 수 있죠. 특히 비디오 콘텐츠는 높은 참여율을 보이며 브랜드 인지도 향상에 큰 도움이 됩니다.

3. 고객 참여

페이스북 페이지를 운영하면서 고객의 댓글이나 메시지에 적극적으로 응답하는 것은 매우 중요합니다. 이를 통해 고객과의 긍정적인 관계를 구축하고 브랜드에 대한 충성도를 높일 수 있어요. 또한, 고객의 피드백을 반영하여 서비스를 개선하거나 새로운 제품을 개발하는 데도 도움이 됩니다.

4. 인사이트 활용

페이스북은 광고주에게 다양한 데이터를 제공하여 캠페인의 성과를 분석할 수 있게 합니다. 이를 통해 어떤 전략이 효과적인지, 어떤 부분을 개선해야 하는지를 파악할 수 있으며 이는 더 나은 마케팅 전략을 수립하는 데 큰 도움이 됩니다.

5. 페이스북 그룹

페이스북 그룹은 특정 주제나 관심사를 공유하는 사람들의 커뮤니티를 만들 수 있게 해줍니다. 이를 통해 브랜드와 밀접한 관련이 있는 고객들과 더 깊은 관계를 형성하고 직접적인 피드백을 얻을 수 있어요. 또한, 사용자들이 자발적으로 콘텐츠를 생성하고 공유함으로써 브랜드의 영향력을 확대할 수 있습니다.

6. 이벤트 활용하기

페이스북에서는 이벤트를 생성하고 홍보하는 기능을 제공합니다. 신제품 출시, 할인 행사, 워크숍 등 다양한 이벤트를 통해 대상 고객층의 관심을 끌고 참여를 유도할 수 있어요. 이벤트 페이지를 통해 참여자들과 소통하며 이벤트에 대한 정보를 쉽게 공유할 수 있습니다. 또한 이벤트를 통해 수집된 데이터를 마케팅 전략에 활용할 수도 있습니다.

7. 페이스북 스토리와 라이브

페이스북 스토리와 라이브 기능을 활용하면 실시간으로 고객과 소통하며 더 친근한 이미지를 구축할 수 있습니다. 스토리는 24시간 동안만 게시되므로 일상적인 모습이나 제한된 시간 동안의 특별한 프로모션을 공유하기 좋아요. 반면 페이스북 라이브는 제품 시연, Q&A 세션, 이벤트 생중계 등 다양한 용도로 활용할 수 있으며 실시간으로 질문에 답변하며 고객 참여를 증진할 수 있습니다.

8. 커스텀 오디언스와 리타게팅

페이스북의 커스텀 오디언스 기능을 이용하면 기존 고객 목록이나 웹사이트 방문자 등 특정 사용자 그룹을 대상으로 광고를 집행할 수 있습니다. 이를 통해 고객 재참여를 유도하고 구매 전환율을 높일 수 있죠. 리타게팅은 이미 브랜드에 관심을 보인 사용자에게 다시 광고를 보여주는 전략으로 마케팅 효율성을 크게 증대시킵니다.

9. 페이스북 인사이트 활용

페이스북 페이지의 관리 도구 중 하나인 '인사이트'를 통해 페이지 성능, 게시물 도달 범위, 사용자 참여도 등 다양한 데이터를 분석할 수 있습니다. 이 데이터를 바탕으로 어떤 종류의 콘텐츠가 좋은 반응을 얻는지 어떤 시간대에 게시하는 것이 효과적인지 등을 파악하고 마케팅 전략을 조정할 수 있습니다.

10. 경쟁사 분석

페이스북에서는 경쟁사의 페이지를 '관찰 리스트'에 추가하여 그들의 성과를 모니터링할 수 있습니다. 이를 통해 경쟁사의 전략, 콘텐츠, 고객 참여 방식 등을 분석하고 자신의 마케팅 전략을 개선하는 데 참고할 수 있습니다.

11. 콘텐츠 다양화

페이스북 사용자들은 다양한 형태의 콘텐츠에 접근합니다. 이미지, 비디오, 인포그래픽, 블로그 포스트 등 다양한 유형의 콘텐츠를 제작하여 게시함으로써 다양한 관심사와 취향을 가진 사용자들을 끌어들일 수 있습니다. 특히 동영상 콘텐츠는 높은 참여율을 자랑하므로 비디오 마케팅을 적극적으로 활용해 보세요.

12. 모바일 최적화

페이스북 사용자들의 대다수는 모바일 기기를 통해 접속합니다. 따라서 광고나 게시물을 디자인할 때 모바일 사용자 경험을 우선으로 고려해야 합니다. 텍스트는 간결하게, 이미지와 비디오는 모바일 화면에 맞게 최적화되어야 하죠. 또한 소셜 미디어를 통해 유입되는 모바일 트래픽을 위해 웹사이트 역시 모바일 친화적으로 구성되어야 합니다.

13. 분석 도구 활용

페이스북 인사이트 외에도 다양한 외부 분석 도구를 활용할 수 있습니다. 이러한 도구들은 페이스북 캠페인의 성과를 더 깊이 있게 분석하고, ROI(투자 대비 수익률)를 측정하는 데 도움을 줍니다. 데이터를 기반으로 한 의사결정은 마케팅 전략의 효율성을 높이는 데 매우 중요합니다.

14. 지속적인 학습과 실험

페이스북과 같은 소셜 미디어 플랫폼은 빠르게 변화합니다. 새로운 기능, 알고리즘 업데이트, 사용자 행동의 변화 등을 주시하며 마케팅 전략을 지속해서 업데이트하고 개선해야 합니다. 또한 다양한 광고 형식, 콘텐츠 유형, 타겟팅 옵션 등을 실험해 보며 가장 효과적인 마케팅 방법을 찾아내야 합니다.

15. 광고 예산 관리

페이스북 광고는 유연한 예산 설정이 가능합니다. 소규모 사업자라도 적은 금액으로 시작해 광고 성과를 모니터링하며 점차 예산을 조정할 수 있습니다. 효과적인 광고 운영을 위해서는 명확한 목표 설정 후 광고 성과를 지속해서 분석하고 예산을 적절히 조정하는 것이 중요합니다.

넷플릭스의 콘텐츠 마케팅

넷플릭스는 단순한 온라인 스트리밍 서비스를 넘어, 자체 제작 콘텐츠를 통해 글로벌 미디어 기업으로 자리매김하였습니다. 그 과정에서 콘텐츠 마케팅이 중요한 역할을 했습니다. 이제 그들의 전략을 좀 더 쉽게 설명해 드리겠습니다.

첫째, 넷플릭스는 '맞춤형 콘텐츠' 제공에 초점을 맞춥니다. 이 용자들의 시청 패턴, 선호도, 검색 이력 등을 분석해 개인별 맞춤 콘텐츠를 추천합니다. 이는 사용자 경험을 극대화하고 장시간 플랫폼 내에서의 체류를 유도하는 전략입니다.

둘째, '독점 콘텐츠' 제작에 힘씁니다. '하우스 오브 카드', '기묘한 이야기', '오징어 게임' 등 넷플릭스 오리지널 시리즈는 전 세계적으로 큰 인기를 끌었습니다. 이런 독점 콘텐츠는 넷플릭스만의 차별화된 가치를 제공하며 새로운 구독자 유치와 기존 구독자의 충성도 유지에 크게 기여합니다.

셋째, '소셜 미디어와의 긴밀한 연계'를 통해 마케팅 효과를 극대화합니다. 넷플릭스는 콘텐츠에 대한 대중의 관심과 토론을 촉진하기 위해 소셜 미디어 채널을 적극 활용합니다. 예를 들어 트위터나 인스타그램에서 화제가 된 콘텐츠는 자연스럽게 '바이럴' 효과를 일으키며 이는 넷플릭스 구독으로 이어지는 경우가 많습니다.

넷째, '문화적 다양성'을 존중하는 콘텐츠 제작입니다. 넷플릭스는 전 세계 다양한 문화권에서 온 콘텐츠를 제공함으로써, 글로벌 시장에서의 접근성과 포용성을 높입니다. 이는 다양한 배경을 가진 시청자들에게 공감대를 형성하고 더 넓은 시청자층을 확보하는 데 기여합니다.

다섯째, '스토리텔링을 통한 브랜드 이미지 구축'입니다. 넷플릭스는 단순히 콘텐츠를 제공하는 것을 넘어 강력한 스토리텔링을 통해 시청자들과 감정적으로 연결됩니다. 이는 시청자들이 단순한 소비자를 넘어 콘텐츠의 팬이 되도록 이끕니다. 넷플릭스 오리지널 콘텐츠는 종종 사회적 이슈를 다루거나 다양한 문화적 배경을 반영하는데, 이는 시청자들에게 더욱 깊은 공감과 통찰을 제공합니다.

여섯째, '사용자 피드백의 적극적 활용'입니다. 넷플릭스는 사용자 피드백과 데이터 분석을 통해 시청자들의 선호와 행동 패턴을 세심하게 분석합니다. 이 정보를 바탕으로 콘텐츠 추천 알고리즘을 지속해서 개선하고, 더 많은 시청자가 선호할 만한 콘텐츠를 제작합니다. 또한, 사용자 피드백은 콘텐츠 개발 초기 단계부터 중요한 참고 자료로 활용되어 시청자들이 원하는 콘텐츠를 만드는 데 도움을 줍니다.

마지막으로 '글로벌 시장에서의 지속적인 확장' 전략 또한 중요합니다. 넷플릭스는 다양한 국가에서 현지화된 콘텐츠를 제작하여, 각 지역의 문화적 특성과 시청자 취향을 반영하고자 노력합니다. 이런 전략은 넷플릭스가 글로벌 브랜드로서의 입지를 더욱 공고히 하고 다양한 시장에서 경쟁력을 갖추는 데 기여합니다.

넷플릭스의 콘텐츠 마케팅 전략은 단순히 콘텐츠를 판매하는 것이 아니라 시청자들과의 강력한 관계를 구축하고, 지속적인 관심과 충성도를 유지하는 데 초점을 맞추고 있습니다. 이러한 전략은 넷플릭스를 선도적인 스트리밍 서비스로 만들었으며 다른 기업에도 중요한 마케팅 교훈을 제공합니다.

(출처 : 넷플릭스 대한민국 홈페이지)

IKEA의 가격 마케팅 전략

IKEA는 스웨덴 기반의 글로벌 가구 및 홈 액세서리 소매업체입니다. 저렴한 가격과 다양한 제품을 제공함으로써 전 세계적으로 많은 사랑을 받고 있습니다. 그렇다면 IKEA는 어떻게 이렇게 경쟁력 있는 가격을 유지할 수 있는 걸까요?

1. 대량 구매와 자체 생산

IKEA의 경쟁력 있는 가격 전략의 핵심 중 하나는 바로 '대량 구매와 자체 생산'입니다. 이러한 전략을 통해 IKEA는 원가를 절감하고 이를 고객에게 저렴한 가격으로 제품을 제공할 수 있게 됩니다. 우선 IKEA는 전 세계적으로 막대한 양의 원자재를 대량으로 구매합니다. 대량 구매는 구매 비용을 현저히 낮출 수 있는 데 이는 곧 제품 가격을 낮추는 데 직접적으로 기여합니다.

또한 IKEA는 자체 공장에서 대부분의 제품을 직접 생산합니다. 자체 생산을 통해 IKEA는 제조 과정을 철저히 관리하며 품질을 유지하는 동시에 생산 비용을 최적화할 수 있습니다. 이는 중간 유통 비용을 줄이는 효과가 있어 최종 제품의 가격을 더욱 낮출 수 있는 요소로 작용합니다.

2. 효율적인 디자인

IKEA의 제품 디자인은 효율성을 극대화하는 데 중점을 둡니다. 이는 제품 생산부터 운반, 조립, 사용에 이르기까지 모든 과정에서 비용과 시간을 절약할 수 있도록 설계되었습니다. 특히 IKEA는 공간 활용도를 최대한 높이는 디자인을 추구합니다. 이를 통해 소비자는 작은 공간에서도 최대한의 효용을 누릴 수 있습니다.

IKEA 디자인의 또 다른 중요한 요소는 지속 가능성입니다. 지속 가능한 소재 사용과 환경에 미치는 영향을 최소화하는 디자인은 IKEA의 기업 철학과도 일치합니다. 이런 접근 방식은 소비자들 사이에서도 긍정적인 반응을 얻으며 브랜드 가치를 높이는 역할을 합니다.

IKEA의 효율적인 디자인 전략은 비용과 환경 부담을 줄이는 동시에 소비자의 만족도를 높이는 데 기여합니다. 이러한 방식으로 IKEA는 지속 가능한 가구 소비문화를 선도하며 전 세계적으로 인정받는 브랜드 이미지를 구축하고 있습니다.

3. 자가 서비스 모델

IKEA의 자가 서비스 모델은 고객이 직접 제품을 선택, 운반, 조립하는 방식을 말합니다. 이 모델은 고객에게 더 낮은 가격으로 제품을 제공하면서도 IKEA의 운영비용을 줄이는 핵심 요소입니다. 고객은 전시된 샘플을 직접 둘러보고 원하는 제품의 정보를 확인한 후 창고에서 제품을 직접 가져갑니다. 이 과정은 중간 유통 과정을 최소화하며 이는 곧 가격 경쟁력으로 이어집니다.

자가 서비스 모델은 고객에게 제품 선택의 자유를 주며 동시에 쇼핑 경험을 개인화합니다. IKEA는 이 모델을 통해 효율성과 고객 참여를 동시에 높이면서 쇼핑의 새로운 패러다임을 제시하고 있습니다.

4. 규모의 경제

IKEA는 '규모의 경제'를 통해 경쟁력을 강화합니다. 이는 대량 생산을 통해 단위당 비용을 절감하는 원리를 말합니다. IKEA가

전 세계적으로 대량의 원자재를 구매하고 자체 공장에서 대량으로 제품을 생산함으로써 생산 및 운영비용을 획기적으로 낮출 수 있습니다. 이에 따라 IKEA는 더 낮은 가격으로 고객에게 제품을 제공할 수 있게 됩니다.

규모의 경제는 또한 제품 개발과 혁신에도 긍정적인 영향을 미칩니다. 대규모 자본을 통해 IKEA는 연구 개발에 투자하고 지속 가능하고 효율적인 제품을 시장에 선보일 수 있습니다. 이러한 전략은 IKEA가 가구 업계에서 지속해서 선도적 위치를 유지하게 하는 주요 요인 중 하나입니다.

5. 가격 전략

IKEA의 가격 전략은 '가성비'를 중심으로 합니다. 이 회사는 고품질의 제품을 합리적인 가격으로 제공함으로써 다양한 소비자층을 끌어들입니다. 이는 규모의 경제를 통한 대량 생산, 효율적인 공급 체인 관리, 자가 서비스 모델 등을 통해 이루어집니다.

IKEA는 가격을 낮추기 위해 디자인 초기 단계부터 비용을 염두에 두고, 제품을 가능한 가장 경제적으로 생산할 방법을 모색합니다. 또한 지속 가능한 소재 사용과 에너지 효율적인 생산 과정을 통해 비용을 추가로 절감합니다.

이러한 전략들은 IKEA가 비용을 절감하고 이를 통해 소비자에게 저렴한 가격으로 제품을 제공할 수 있도록 돕습니다. 동시에 지속 가능성을 중시하는 기업 철학과 결합하여 환경친화적이면서도 경제적인 제품을 소비자에게 제공하는 것을 목표로 합니다.

IKEA의 가격 마케팅 전략은 마케팅 분야뿐만 아니라 경영 전략이나 소비자 행동 등 다양한 분야에서도 중요한 사례로 다뤄지곤 합니다. 이 전략을 통해 IKEA는 전 세계적으로 많은 충성 고객을 확보할 수 있었고, 가구 업계에서 독보적인 위치를 차지하게 되었습니다.

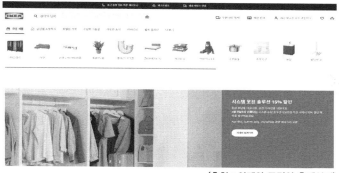

(출처 : 이케아 코리아 홈페이지)

레고의 고객 참여 마케팅

레고는 고객 참여 마케팅의 훌륭한 사례로 자주 거론됩니다. 이 브랜드는 단순히 제품을 판매하는 것을 넘어서 고객이 브랜드의 일부가 되도록 만드는 다양한 방법을 찾아냈습니다. 레고의 고객 참여 마케팅 전략은 크게 몇 가지로 나눌 수 있습니다.

첫째, 레고 아이디어스 Lego Ideas **웹사이트입니다.** 이곳은 레고 팬들이 직접 자신의 창의적인 레고 모델을 공유하고, 다른 사용자들의 투표를 받을 수 있는 플랫폼입니다. 여기서 사용자들은 자신의 레고 디자인을 세상에 선보이고, 충분한 지지를 얻게 되면 레고사에서 실제 제품으로 개발하여 판매할 기회를 얻게 됩니다. 이 과정은 팬들에게 레고 디자인에 직접 참여하고 자기 아이디어가 현실이 되는 것을 보는 독특한 경험을 제공합니다. 또한 레고 아이디어스는 팬들과의 소통을 강화하고, 고객 참여를 통해 새로운 제품 아이디어를 얻는 데 중요한 역할을 합니다. 이 플랫폼은 레고 커뮤니티를 활성화하며 창의적인 아이디어가 넘치는 공간으로 자리 잡았습니다.

둘째, 레고는 다양한 연령대와 취향을 고려한 제품 라인업을 갖추고 있습니다. 어린이를 위한 레고 시티부터 성인 팬들을 위한 더 복잡하고 디테일한 레고 크리에이터 엑스퍼트 시리즈까지 다양합니다. 이러한 다양성은 각 고객의 개별적인 취향과 관심사를 만족시키며 더 넓은 범위의 사람들이 레고와 연결될 수 있도록 합니다. 또한 특정 영화나 TV 시리즈, 역사적 사건을 기반으로 한 테마 세트는 특별한 관심사를 가진 팬들에게 매력적입니다. 이처럼 레고는 고객의 다양성을 인정하고 이를 제품 개발에 반영함으로써 모든 연령대와 취향을 아우르는 브랜드가 되었습니다.

셋째, 레고는 고객과의 직접적인 소통을 중시하며, 이를 위해 다양한 채널을 통해 적극적으로 노력합니다. 소셜 미디어, 고객 서비스 센터, 그리고 레고의 공식 웹사이트를 포함하여 고객들이 쉽게 의견을 제시하고, 질문을 할 수 있는 다양한 플랫폼을 제공합니다. 이러한 채널들을 통해 레고는 고객의 피드백을 신속하게 수집하고 그들의 의견을 제품 개발과 서비스 개선에 반영하려 노력합니다. 또한 레고 아이디어스와 같은 프로그램을 통해 사용자들의 창의적인 아이디어를 직접 받아들이며 고객 참여를 장려합니다. 이런 방식을 통해 레고는 고객과 깊은 관계를 구축하고 그들의 충성도를 높이는 데 성공하고 있습니다.

넷째, 레고는 전 세계에 레고 스토어를 운영하며, 이곳에서는 다양한 이벤트와 워크숍을 진행합니다. 이를 통해 레고는 고객과 직접 만나는 기회를 가지고 레고를 통한 창의력과 상상력을 고취합니다.

이렇게 레고는 다양한 고객 참여 마케팅 전략을 통해, 단순한 장난감 브랜드를 넘어서 고객이 직접 참여하고 창조하는 커뮤니티를 만들어 나가고 있습니다.

(출처 : LEGO IDEAS 홈페이지)

지프의 감성 마케팅

지프Jeep 브랜드가 전 세계적으로 강렬한 인상을 남긴 비결은 바로 그들의 뛰어난 감성 마케팅 전략에 있습니다. 지프는 단순히 자동차를 판매하는 것을 넘어 '자유'와 '모험'이라는 감성적 가치를 전달하며 소비자의 마음을 사로잡습니다. 이러한 전략은 지프가 단순한 자동차 제조업체가 아니라 특별한 라이프스타일을 제안하는 브랜드로 인식되게 했습니다.

지프의 광고와 프로모션은 차량의 기술적 특성을 소개하는 것보다는 자연 속에서 자유롭게 다니며 모험을 즐기는 라이프스타일을 강조합니다. 예를 들면 산악 지대를 누비고 강을 건너는 지프 차량의 모습은 관람자에게 일상의 한계를 벗어나 새로운 세계를 탐험하고 싶은 욕구를 자극합니다. 이는 지프 차량 구매를 단순한 이동 수단의 선택이 아닌, 자유롭고 모험적인 삶을 향한 의지의 표현으로 여기게 합니다.

이와 더불어 지프는 소셜 미디어를 활용하여 지프 오너들의 다양한 여행 경험과 모험의 순간들을 공유합니다. 이를 통해 지프 오너라는 정체성을 공유하며, 지프 커뮤니티에 속해 있다는 자부심을 느끼게 하고, 브랜드에 대한 충성심을 강화합니다. 이러한 소통은 지프를 단순한 자동차 브랜드가 아닌 하나의 문화와 커뮤니티로 자리매김하게 하는 중요한 역할을 합니다.

(출처 : 지프 코리아 홈페이지)

지프의 성공적인 감성 마케팅 전략은 제품의 기능적 가치를 넘어서 감성적 가치에 초점을 맞추는 것에서 비롯됩니다. 이러한 접근 방식은 소비자와의 감정적 연결을 강화하며 지프 브랜드를 독특하고 매력적인 라이프스타일의 상징으로 만들어줍니다. 다른 기업들도 지프의 사례를 참고하여, 자신들의 제품이나 서비스가 소비자에게 어떤 감성적 경험을 제공할 수 있는지 고민하고 이를 바탕으로 차별화된 마케팅 전략을 수립하는 것이 중요합니다.

에어비앤비의 차별화 전략

에어비앤비는 숙박업계에서 혁신의 아이콘으로 자리 잡았습니다. 이들의 차별화 전략은 전통적인 호텔 산업에 큰 변화를 불러왔습니다. 그렇다면 에어비앤비의 성공 비결은 무엇일까요?

첫 번째, 현지인처럼 살아보기 경험 제공입니다. 여행지에서 단순히 관광객으로 머무는 것이 아닌 그 지역의 주민처럼 일상을 경험하는 것을 의미합니다. 이러한 경험은 여행자가 해당 지역의 문화, 음식, 생활 방식을 깊이 있게 이해할 수 있게 해 줍니다. 주로 숙소를 현지인의 집이나 지역 특색이 반영된 곳에서 임대하여 생활하며, 현지 시장을 방문하거나 지역 주민과 교류하는 등의 활동을 포함합니다. 이는 단순히 관광 명소를 방문하는 것을 넘어서 그 지역의 '진짜' 모습을 체험하고자 하는 여행자들 사이에서 인기를 끌고 있습니다. 이 경험을 통해 여행자는 더 넓은 시야를 갖게 되며, 다양한 문화와 생활 방식을 직접 경험함으로써 더 깊은 이해와 존중의 마음을 갖게 됩니다.

두 번째, 다양성입니다. 에어비앤비는 그 숙소의 종류와 가격대에 있어서 매우 다양한 선택지를 제공합니다. 이용자들은 전통적인 호텔 방부터 트리하우스, 성 같은 독특한 숙소에 이르기까지 자신의 취향과 예산에 맞는 숙소를 찾을 수 있습니다. 이러한 다양성은 다양한 여행 목적과 개인의 취향을 반영할 수 있는 특별한 경험을 가능하게 합니다. 예를 들어 모험을 즐기는 이용자는 트리하우스에서의 밤을 선택할 수 있고, 고급스러운 휴가를 원하는 이용자는 성에서의 숙박을 선택할 수 있습니다. 가격대 역시 저렴한 옵션부터 고급 옵션까지 폭넓게 제공되어 모든 예산을 가진 사람들이 자신에게 알맞은 숙소를 찾을 수 있습니다. 이처럼 에어비앤비는 개인의 필요와 취향을 충족시키는 맞춤형 여행 경험을 제공함으로써 여행의 즐거움을 더합니다.

세 번째, 커뮤니티 구축입니다. 에어비앤비는 숙소를 공유하는 것을 넘어서 호스트와 게스트 간의 신뢰를 기반으로 한 커뮤니티를 형성했습니다. 이 플랫폼을 통해 호스트는 자기 집이나 공간을 공유함으로써 추가적인 수익을 창출할 수 있으며 게스트는 숙박뿐만 아니라 현지인의 눈으로 본 독특한 경험과 정보를 얻을 수 있습니다. 이러한 상호작용은 에어비앤비를 단순한 숙박 서비스 제공자에서 여행자와 현지인이 서로 소통하고 교류할 수 있는 소통의 장으로 변화시켰습니다. 게스트는 현지인의 꿀팁이나 추천을 통해 여행지를 더 깊이 있고 진정성 있게 경험할 수 있습니다. 이 과정에서 형성되는 신뢰와 교류는 에어비앤비만의 독특한 가치를 만들어내며 여행의 의미를 한층 더 풍부하게 합니다. 에어비앤비는 숙박 예약을 넘어서 사람들 사이의 연결고리를 만드는 중요한 역할을 하게 되었습니다.

네 번째, 기술 활용입니다. 에어비앤비는 기술을 적극 활용하여 사용자 경험을 혁신하고 있습니다. 그들은 사용자 친화적인 웹사이트와 모바일 앱을 제공함으로써 언제 어디서나 쉽고 편리하게 숙소를 검색하고 예약할 수 있는 환경을 조성했습니다. 이러한 접근성은 여행 계획을 세우는 과정에서 사용자에게 큰 편리함을 제공합니다. 그뿐만 아니라 사용자 리뷰 시스템을 도입하여 호스트와 숙소에 대한 신뢰성을 높였습니다. 이 시스템을 통해 이전 게스트들의 경험과 평가를 바탕으로 예약 전에 숙소에 대한 신뢰할 수 있는 정보를 얻을 수 있게 되었습니다. 이는 사용자들이 보다 안심하고 숙소를 선택할 수 있도록 도와줍니다. 에어비앤비는 이러한 기술적 접근을 통해 숙박 예약 과정을 간소화하고 사용자와 호스트 간의 신뢰를 구축하는 데 크게 기여하고 있습니다.

마지막으로 지속 가능한 관광에 대한 약속이 있습니다. 지역 사회에 긍정적인 영향을 미치는 방향으로 서비스를 제공하고자 노력합니다. 이를 위해 과잉 관광으로 인해 어려움을 겪는 지역에 대한 여행을 장려하기보다는 지역 경제와 사회에 도움이 되는 형태의 여행을 촉진합니다. 에어비앤비는 숙소를 제공하는 현지인 호스트들을 통해 직접적으로 지역 경제에 기여할 기회를 마련함으로써 관광 수입이 지역 사회에 골고루 분배되도록 합니다. 또한 현지의 문화와 환경을 존중하는 여행 문화를 장려함으로써 지속 가능한 관광에 기여하고자 합니다. 이러한 접근은 단기적인 이익을 추구하기보다는 장기적인 관점에서 지역 사회와의 상생을 목표로 하고 있습니다. 에어비앤비의 이러한 노력은 관광 산업의 지속 가능성을 높이는 데 중요한 역할을 하며 여행자들에게도 의미 있는 경험을 제공합니다.

이러한 차별화 전략 덕분에 에어비앤비는 전 세계 수많은 여행자에게 사랑받는 브랜드가 되었습니다. 고유한 숙박 경험을 제공함으로써 전통적인 호텔과는 다른 매력을 선사합니다.

(출처 : 에어비앤비 홈페이지)

디즈니의 스토리텔링 마케팅

디즈니의 스토리텔링 마케팅 전략은 마케팅 전문가들뿐 아니라 일반 대중에게도 큰 영감을 주는 사례로 평가받고 있습니다. 이는 디즈니가 단순히 영화나 놀이공원의 경험을 제공하는 기업을 넘어서 꿈과 마법, 그리고 모험을 판매하는 기업으로 자리매김했기 때문입니다. 디즈니는 자신들의 제품이나 서비스를 통해 전달하고자 하는 핵심 메시지를 강력하고 매혹적인 스토리텔링을 통해 전달함으로써 소비자들에게 깊은 인상을 남깁니다.

디즈니의 마케팅 전략에서 가장 중요한 요소는 감정적인 연결을 만들어내는 것입니다. 디즈니는 영화나 캐릭터들을 통해 관객과 깊은 감정적 유대감을 형성하며 이는 디즈니 영화들이 단순한 애니메이션을 넘어서 우정, 가족, 사랑, 용기와 같은 인류 공통의 가치를 담고 있기 때문입니다. '겨울왕국', '라이온 킹' 같은 영화들은 이러한 보편적 가치를 통해 사람들의 마음속에 오랫동안 남아 디즈니 브랜드에 대한 긍정적이고 따뜻한 이미지를 심어줍니다.

그뿐만 아니라 디즈니는 성공적인 스토리를 다양한 플랫폼과 제품을 통해 확장하고 재창조하는 전략을 통해 브랜드의 영향력을 극대화합니다. 한 편의 영화가 성공하면 해당 영화의 캐릭터와 이야기는 장난감, 의류, 놀이공원 어트랙션, 심지어는 크루즈 여행까지 다양한 형태로 확장되어 소비자들에게 제공됩니다. 이러한 전략은 디즈니를 단순한 콘텐츠 제작사를 넘어서 소비자들에게 포괄적인 경험을 제공하는 브랜드로 만들어주었습니다.

이와 같이 디즈니의 스토리텔링 마케팅 전략은 마케팅을 공부하는 이들에게 다음과 같은 교훈을 줍니다.

강력한 스토리는 브랜드와 소비자 사이의 감정적 연결을 만들어낼 수 있으며, 일관된 메시지와 가치를 다양한 채널과 제품을 통해 전달함으로써 브랜드 충성도를 높일 수 있습니다. 게다가 소비자들은 단순히 제품 자체를 구매하는 것이 아니라 그 제품이 전달하는 이야기와 경험을 함께 구매합니다. 디즈니의 사례는 마케팅을 공부하는 사람들뿐만 아니라 모든 브랜드가 자신만의 스토리텔링 전략을 개발하는 데 있어서 중요한 영감의 원천으로 작용합니다. 디즈니의 전략을 더 깊이 이해하기 위해 몇 가지 핵심 요소를 더 자세히 살펴보겠습니다.

첫째, 디즈니는 자신들의 스토리텔링을 통해 강력한 브랜드 정체성을 구축합니다. 디즈니 브랜드는 모험, 상상력, 꿈, 그리고 가족 간의 사랑과 같은 가치를 대표합니다. 이러한 가치는 모든 디즈니 제품과 경험, 즉 영화, TV 프로그램, 놀이공원, 상품 등에 일관되게 반영됩니다. 따라서 소비자들은 디즈니라는 브랜드를 언급할 때 자동으로 이러한 감정과 가치를 떠올립니다. 이는 강력한 브랜드 정체성이 얼마나 중요한지 그리고 스토리텔링이 이를 구축하는 데 어떻게 기여할 수 있는지를 보여줍니다.

둘째, 디즈니는 창의성과 혁신을 통해 스토리텔링을 지속해서 발전시킵니다. 디즈니는 단순히 기존의 성공적인 이야기를 반복하지 않습니다. 대신 새로운 캐릭터, 세계관, 메시지를 탐구함으로써 스토리텔링의 경계를 확장합니다. 예를 들어 '겨울왕국'은 전통적인 공주 이야기의 틀을 깨고 자매간의 사랑을 주제로 삼음으로써 전 세계적인 성공을 거두었습니다. 이처럼 디즈니는 창의적인 스토리텔링을 통해 시대에 맞는 새로운 가치와 메시지를 전달하며 이를 통해 브랜드의 현대성과 관련성을 유지합니다.

셋째, 디즈니는 다양한 플랫폼과 채널을 통해 스토리텔링을 확장합니다. 디즈니는 단순히 영화 한 편을 제작하는 데 그치지 않고, 그 영화를 기반으로 한 TV 시리즈, 책, 놀이공원 어트랙션, 온라인 게임 등을 개발하여 스토리와 캐릭터를 다양한 방식으로 소비자에게 전달합니다. 이러한 전략은 소비자들이 디즈니 브랜드와 더욱 깊이 있고 지속적인 관계를 맺을 수 있도록 합니다. 또한, 다양한 채널을 통해 스토리를 전달함으로써 다양한 연령대와 관심사를 가진 소비자들에게 도달할 수 있습니다.

디즈니의 스토리텔링 마케팅 전략은 강력한 브랜드 정체성의 구성을 구축하고, 창의적인 스토리텔링을 통해 브랜드의 현대성과 관련성을 유지하며 다양한 플랫폼과 채널을 통해 스토리텔링을 확장하는 데 있어 중요한 역할을 합니다. 이러한 전략은 디즈니가 전 세계적으로 사랑받는 브랜드로 자리 잡는 데 결정적인 기여를 하였습니다.

지방시의 럭셔리 브랜드 마케팅

지방시Givenchy는 럭셔리 패션의 세계에서 그 이름만으로도 감탄을 자아내는 브랜드입니다. 이런 럭셔리 브랜드가 어떻게 마케팅을 통해 자신들의 가치를 전달하고, 고객과의 관계를 깊게 하는지 알아보겠습니다.

먼저 지방시와 같은 럭셔리 브랜드는 단순히 옷이나 액세서리를 판매하는 것이 아닙니다. 그들은 '경험'을 판매합니다. 이 경험은 고객이 제품을 구매할 때 느끼는 특별함과 소속감, 그리고 브랜드가 전달하고자 하는 독특한 이야기와 가치관을 포함합니다. 지방시는 이런 점을 마케팅 전략에 잘 녹여냅니다.

1. 스토리텔링을 통한 브랜드 가치 전달

지방시는 자신들의 역사와 디자이너의 철학, 그리고 각 컬렉션이 품고 있는 이야기를 중요시합니다. 예를 들어 지방시의 창립자인 위베르 드 지방시는 오드리 헵번과 깊은 관계로 유명한데 이런 스토리는 오늘날 지방시가 추구하는 우아함과 클래식함을 더욱 강조해 줍니다. 이렇게 브랜드가 가진 독특한 이야기는 고객들이 제품을 구매할 때 단순히 물건을 사는 것이 아니라 그 이야기의 일부가 되는 느낌을 줍니다.

2. 디지털 마케팅의 활용

지방시는 소셜 미디어와 같은 디지털 플랫폼을 적극 활용합니다. 이를 통해 브랜드의 최신 소식, 새로운 컬렉션, 그리고 뒷이야기 같은 것을 공유하면서 고객과 실시간으로 소통합니다. 이런 방식은 특히 젊은 세대에게 브랜드에 대한 관심을 유도하고 그들이 지방시 제품을 자신의 일상과 스타일에 자연스럽게 녹아들게 만듭니다.

3. 한정판 출시와 콜라보레이션

지방시는 특별한 한정판 제품 출시나 다른 브랜드 혹은 유명인과의 콜라보레이션을 통해 브랜드의 독특함과 희소성을 강조합니다. 이러한 전략은 제품에 대한 수요를 증가시키고, 브랜드에 대한 특별한 인식을 심어줍니다. 지방시가 유명 가수나 아티스트와 협업하여 새로운 컬렉션을 출시하면 그것은 단순한 패션 아이템을 넘어 문화적 아이콘이 되곤 합니다.

4. 고객 경험을 우선시하는 마케팅 전략

지방시와 같은 럭셔리 브랜드는 고객 경험을 극대화하기 위한 여러 마케팅 전략을 사용합니다. 예를 들어 매장 내에서의 경험은 매우 중요합니다. 지방시 매장은 단순히 제품을 판매하는 공간을 넘어, 브랜드의 세계관을 체험할 수 있는 공간으로 디자인되었습니다. 고급스러운 인테리어, 세심한 고객 서비스, 그리고 제품을 전시하는 방식 하나하나가 모두 지방시가 추구하는 럭셔리함과 우아함을 전달합니다.

또한 지방시는 VIP 고객을 위한 특별한 서비스를 제공합니다. 개인 쇼핑 어시스턴트 제공, 비공개 이벤트 초대, 맞춤형 제품 제작 서비스 등이 있습니다. 이러한 서비스는 고객이 브랜드와 더 깊은 관계를 맺고 특별한 경험을 할 수 있도록 해줍니다.

5. 지속 가능성과 사회적 책임

최근 럭셔리 브랜드들 사이에서 지속 가능성과 사회적 책임은 중요한 마케팅 요소가 되었습니다. 지방시도 이 트렌드를 따라 환경 보호와 윤리적 패션을 강조하는 방향으로 자신들의 브랜드 가치를 재정립하고 있습니다. 친환경 소재 사용, 지속 가능한 생산 과정, 사회적 약자를 지원하는 프로젝트 등을 통해 브랜드의 긍정적인 이미지를 강화하고 있습니다. 이러한 노력은 특히 환경과 사회문제에 민감한 젊은 세대에게 브랜드에 대한 호감도를 높이는 데 큰 역할을 합니다.

결론적으로 지방시와 같은 럭셔리 브랜드의 마케팅 전략은 단순히 제품을 판매하는 것을 넘어, 브랜드의 독특한 가치와 철학을 고객에게 전달하고, 그들과 깊은 관계를 형성하는 데 중점을 둡니다. 이런 전략을 통해 지방시는 시대의 변화에도 불구하고 계속해서 사랑받는 럭셔리 브랜드로 자리매김하고 있습니다.

갤러리아의 옴니채널 마케팅

갤러리아는 그 명성에 걸맞게 고급 백화점 브랜드로서, 고객의 쇼핑 경험을 획기적으로 변화시키기 위해 옴니채널 마케팅 전략을 전면에 내세우고 있습니다. 이 전략은 고객이 오프라인 매장, 온라인 쇼핑몰, 모바일 앱과 같은 다양한 플랫폼을 통해 일관된 경험을 할 수 있도록 설계되었습니다. 즉 갤러리아는 고객이 어떤 채널을 통해 쇼핑하더라도 동일한 서비스와 정보를 제공받을 수 있도록 하는 것에 중점을 두고 있습니다. 이러한 접근방식은 고객이 각자의 생활 패턴과 필요에 맞춰 더욱 편리하게 쇼핑할 수 있도록 돕습니다.

갤러리아는 특히 온라인 쇼핑의 편리함을 극대화하기 위해 노력하고 있습니다. 고객은 갤러리아의 온라인 쇼핑몰을 통해 집이나 사무실에서 편안하게 다양한 상품을 탐색하고 구매할 수 있습니다. 이는 바쁜 일상을 가진 현대인에게 큰 메리트로 작용합니다. 또한, 갤러리아의 모바일 앱을 활용하면 매장 내에서도 상품 정보를 쉽게 얻을 수 있고, 원하는 상품을 예약한 후 매장에서 픽업하는 등의 서비스를 이용할 수 있습니다. 이 외에도, 갤러리아는 고객과의 소통을 강화하기 위해 SNS 마케팅에도 적극적이며, 고객의 관심사와 필요에 부합하는 맞춤형 콘텐츠를 제공하여 브랜드 충성도를 높이는 전략을 펼치고 있습니다.

갤러리아의 옴니채널 마케팅 전략은 고객에게 다양한 이점을 제공합니다. 우선 시간적, 공간적 제약 없이 언제 어디서나 쇼핑할 수 있었습니다. 고객은 자신의 라이프스타일에 맞춰 필요한 상품을 구매할 수 있으며, 이는 쇼핑의 효율성을 대폭 향상합니다. 또한 갤러리아는 고객의 쇼핑 이력과 선호도를 분석하여 개인화된 쇼핑 경험을 제공하고 있습니다. 이를 통해 고객은 자신에게 맞춤화된 상품 추천과 프로모션 혜택을 받을 수 있습니다. 온라인과 오프라인을 넘나드는 유연한 상품 정보 접근성은 고객이 더 신중하고 만족스러운 구매 결정을 내리는 데 도움을 줍니다. 마지막으로, 예약 구매부터 매장 픽업, 신속한 배송에 이르기까지 다양한 서비스를 제공함으로써 갤러리아는 고객의 쇼핑 경험을 보다 편리하고 만족스러운 것으로 만들어가고 있습니다. 이러한 서비스들은 갤러리아가 고객 중심의 서비스를 제공하겠다는 약속을 실현하는 중요한 수단입니다.

또한 갤러리아는 고객에게 더 나은 서비스를 제공하기 위해 지속해서 데이터를 분석하고, 이를 바탕으로 서비스 개선과 새로운 쇼핑 경험을 창출하기 위해 노력하고 있습니다. 이는 고객이 갤러리아와의 상호작용을 통해 개인화되고, 맞춤화된 경험을 할 수 있게 함으로써 고객의 만족도를 높이고, 장기적으로는 브랜드 충성도를 증진하는 데 기여합니다.

갤러리아의 이러한 노력은 단순히 상품을 판매하는 것을 넘어서, 고객과의 지속적인 관계를 구축하고, 고객의 삶에 가치를 더하는 브랜드가 되고자 하는 포부를 반영합니다. 갤러리아는 이를 통해 고객에게 더 나은 쇼핑 환경을 제공하고, 시장에서의 경쟁력을 강화해 나가고자 합니다.

갤러리아의 옴니채널 마케팅 전략은 단순한 판매 전략을 넘어 고객과의 관계를 깊게 하고, 고객의 쇼핑 경험을 획기적으로 개선하는 데 중점을 두고 있습니다.

PART 3

소비자 이해와 타깃팅

3장

●

소비자 행동의 이해

소비자 행동을 이해한다는 것은 사람들이 왜 그리고 어떻게 제품이나 서비스를 구매, 사용, 평가하는지를 파악하는 것을 의미합니다.

이 과정에는 개인의 욕구, 선호, 그리고 구매 결정에 영향을 미치는 여러 외부 요인이 포함되는데, 예를 들어 광고나 친구의 추천 등을 말합니다. 이를 통해 기업들은 소비자들의 행동 패턴을 분석하고, 그에 맞는 마케팅 전략을 수립할 수 있습니다.

소비자 행동의 이해는 제품이나 서비스를 더 효과적으로 판매하기 위한 핵심적인 기초가 되는 것입니다.

소비자 심리의 이해

소비자 심리를 이해한다는 것은 사실 우리가 왜 특정 상품을 바라보고 "이거다!" 싶은 순간이 생기는지, 그리고 왜 그 상품을 결국 사게 되는지에 대한 비밀을 풀어보는 과정입니다. 사람들은 자신도 모르는 사이에 자신의 욕구나 기분, 주변 사람들의 영향을 받아 결정을 내리곤 합니다. 친구가 새로운 운동화를 자랑하면 우리도 모르게 그 운동화에 관심을 두게 되고 결국엔 구매로 이어질 수도 있습니다.

우리가 무언가를 구매할 때는 단순히 필요 때문만이 아니라 여러 심리적 요소가 복합적으로 작용한다는 점을 잊지 말아야 합니다. 특히 마케팅에서는 이러한 심리적 요인을 매우 효과적으로 활용하는데, 그중에서도 '감정 이입'은 중요한 역할을 합니다.

감정 이입이란 다른 사람의 경험, 상황, 감정을 마치 자신의 것처럼 느끼는 것을 의미합니다. 광고에서 행복하게 웃는 가족을 보게 되면 우리는 그 상품을 사용하면 우리도 그렇게 행복해질 수 있겠다고 생각하게 됩니다.

　이러한 감정 이입을 마케팅에서는 소비자가 상품이나 서비스에 대해 긍정적인 감정을 가지도록 유도하는 데 사용합니다. 광고가 보여주는 행복한 순간에 우리도 함께할 수 있다는 기대를 하게 만드는 것입니다. 이 과정에서 중요한 것은 광고 속의 인물이나 상황에 소비자가 자연스럽게 자신을 투영할 수 있도록 만드는 것입니다. 마케터들은 소비자의 성향, 관심사, 생활 패턴 등을 고려해 이들이 공감할 수 있는 스토리나 이미지를 선택합니다. 예를 들어서 모험을 좋아하는 젊은이들을 타겟으로 한다면 그들이 공감할 수 있는 도전적이고 모험적인 상황을 광고에 담아 그들의 감성을 자극할 수 있습니다.

　결국 감정 이입을 통해 소비자는 단지 상품을 구매하는 것을 넘어서 그 상품이나 서비스를 통해 원하는 감정이나 상태를 얻을 수 있다고 느끼게 됩니다. 이런 식으로 마케팅에서 감정 이입은 소비자의 구매 결정에 큰 영향을 미치는 강력한 전략으로 자리 잡고 있습니다.

또한 소셜 프루프Social Proof라는 개념도 있습니다. 사람들이 다른 사람들의 행동을 보고 자신의 의사 결정을 내리는 심리적 현상입니다. 이는 '대중의 지혜'나 '집단의 선택'을 신뢰하는 경향에서 비롯되죠. 사람들은 자신이 처한 상황에서 최선의 결정을 내리고 싶어 하지만 때로는 올바른 선택이 무엇인지 확신하기 어려울 때가 있습니다. 이럴 때 다른 사람들이 어떤 선택을 했는지를 참고하게 됩니다.

소셜 프루프는 다양한 형태로 나타날 수 있습니다. 예를 들어 상품 리뷰, 소비자 평가, 추천 사례, 팔로워 수, '좋아요'의 수 등이 이에 해당합니다. 이런 요소들은 사람들에게 신뢰감을 주고, 그 상품이나 서비스를 이용하도록 유도합니다.

특히 소셜 미디어의 발전으로 인해 소셜 프루프의 영향력은 더욱 커지고 있습니다. 사람들은 종종 자신의 구매 결정을 공유하고 이러한 정보는 다른 사람들에게 중요한 참고 자료가 됩니다. 이처럼 소셜 프루프는 마케팅 전략에서 중요한 요소로 활용되며, 상품이나 서비스에 대한 신뢰를 구축하고, 구매욕을 자극하는 데 효과적입니다.

실제로 '이미 천 명이 선택한 상품!' 같은 문구는 소비자들에게 그 상품이 대중에게 인정받고 있다는 인상을 주어, 그들의 구매 결정에 긍정적인 영향을 미칩니다. 이처럼 소셜 프루프는 사람들이 정보의 홍수 속에서도 똑똑한 선택을 할 수 있도록 돕는 중요한 역할을 합니다.

마지막으로 '스캐서티Scarcity' 원리도 있습니다. 사람들이 한정된 자원을 더 가치 있게 여기는 심리적 경향을 말합니다. 즉, 어떤 상품이나 서비스가 희귀하거나 제한적으로 제공될 때 사람들은 그것을 더 갖고 싶어 하고, 그 가치를 더 높게 평가하게 되는 것이죠. 이 원리는 경제학의 기본 원칙 중 하나인 '공급과 수요' 법칙과도 밀접한 관련이 있습니다. 공급이 제한되면 수요는 상대적으로 증가하게 되고, 이는 상품의 가치를 상승시키는 결과로 이어집니다.

마케팅 분야에서 스캐서티 원리는 흔히 활용되는 전략 중 하나입니다. "마지막 남은 상품!", "한정 판매!", "오늘만 이 가격!" 같은 문구는 소비자들에게 상품이나 서비스가 곧 소진될 수 있다는 인식을 심어줍니다. 이러한 메시지는 구매를 서두르게 만드는 동시에, 상품에 대한 갈망을 증폭시키는 역할을 합니다.

스캐서티 원리의 효과는 사람들이 놓칠 기회에 대한 두려움, 즉 'FOMO(놓치고 싶지 않은 기회에 대한 두려움)' 심리에 기반을 두고 있습니다. 사람들은 자신이 좋은 기회를 놓칠지도 모른다는 생각에 불안해하며 이는 결국 구매로 이어질 수 있습니다.

하지만 스캐서티 전략을 사용할 때는 주의가 필요합니다. 소비자들이 인위적인 희소성에 대해 인식하게 되거나 너무 자주 같은 전략이 사용될 경우 신뢰를 잃을 수 있기 때문입니다. 따라서 스캐서티 원리를 효과적으로 활용하기 위해서는 신중하고 전략적인 접근이 필요합니다.

이처럼 소비자 심리를 이해하는 것은, 우리가 왜 특정한 방식으로 행동하고 결정을 내리는지를 이해하는 데 도움을 줍니다. 마케팅 전략을 세울 때 이런 심리적 요소들을 잘 활용한다면, 훨씬 더 효과적으로 소비자의 마음을 움직일 수 있을 것입니다.

구매 결정 과정

구매 결정 과정을 이해하는 건 우리가 왜 특정 제품을 사고 싶어 지는지 어떤 과정을 거쳐서 결정을 내리는지를 아는 데 정말 큰 도움이 됩니다. 일상에서 우리는 수많은 선택을 해야 하고 그중 에는 작은 것들부터 우리의 삶에 큰 영향을 미치는 중대한 결정 들까지 포함되어 있습니다. 이 과정을 간단하게 설명해 보겠습니 다.

1. 문제 인식

소비자 구매 결정 과정의 시작으로 자신의 현재 상태와 이상 적인 상태 사이에 차이를 느끼는 순간입니다. 이 차이는 소비자 가 문제나 욕구로 인식하며 구매 동기를 생성하게 됩니다. 다양한 원인, 예를 들어 제품의 고장이나 새로운 필요 발생, 주변의 영향 또는 광고를 통한 새로운 욕구의 인식 등으로 문제 인식이 일어납니다. 이 단계에서 소비자는 자신의 필요나 문제를 분명히 인지하고, 해결 방안을 찾기 위해 정보를 탐색하거나 대안을 고려하기 시작합니다.

문제 인식은 구매 결정 과정에서 근본적으로 중요한 역할을 하며 구매 동기 없이는 진행되지 않습니다. 마케터들은 소비자가 문제를 인식하도록 유도하기 위해 제품이 해결할 수 있는 문제를 강조하거나 제품 사용으로 달성할 수 있는 이상적인 상태를 보여주는 광고를 제작합니다. 이런 전략으로 마케터들은 소비자의 문제 인식을 자극하고 제품에 대한 관심을 높여 구매로 이어지게 합니다. 결국 문제 인식 단계는 소비자가 자신의 필요나 문제를 인지하고 해결책을 모색하는 출발점으로 마케터들에게는 소비자의 구매 결정에 영향을 미칠 중요한 기회입니다.

2. 정보 탐색

소비자가 자신이 인식한 문제를 해결하기 위해 필요한 정보를 찾는 과정입니다. 이 단계에서 소비자는 자신의 욕구를 충족시킬 수 있는 다양한 제품이나 서비스에 대한 정보를 수집합니다. 정보 탐색은 크게 내부 탐색과 외부 탐색으로 나뉩니다. 내부 탐색은 소비자가 과거의 경험이나 지식을 통해 정보를 찾는 것이며 외부 탐색은 인터넷 검색, 친구나 가족의 추천, 전문가의 의견 등 외부 자원을 활용하여 정보를 수집하는 것입니다. 이 과정에서 소비자는 제품의 특성, 가격, 품질, 사용 후기 등 다양한 정보에 주목합니다. 정보 탐색의 깊이와 넓이는 소비자의 개인적 특성, 구매 상황, 제품의 복잡성 등에 따라 달라질 수 있습니다. 결국 이 단계는 소비자가 구매 결정을 내리기 전에 충분한 정보를 바탕으로 합리적인 선택을 할 수 있도록 돕는 중요한 과정입니다.

3. 대안 평가

소비자가 정보 탐색 과정에서 수집한 다양한 옵션들을 비교하고 평가하여 최종 구매 결정을 내리기 직전의 과정입니다. 이 단계에서 소비자는 각 제품의 장단점을 비교 분석하며 자신의 욕구와 필요를 가장 잘 충족시킬 수 있는 제품을 찾아냅니다. 소비자는 제품의 가격, 품질, 기능, 브랜드 이미지, 사용자 후기 등 다양한 기준을 고려하여 평가합니다. 또한 소비자 개인의 가치관이나 구매 상황, 예산 등도 대안 평가에 영향을 미칩니다. 이 과정은 종종 소비자가 의사 결정을 위해 사용하는 '선택 기준'을 설정하는 것을 포함합니다. 소비자들은 자신들이 중요하게 생각하는 기준에 따라 각 제품을 순위화하고 이를 통해 최적의 선택을 도출합니다. 대안 평가 단계는 소비자가 실제 구매로 나아가기 전에 이루어지는 마지막 심리적 과정 중 하나로 소비자의 만족도와 재구매 의사에 큰 영향을 미칠 수 있습니다. 따라서 제품이나 서비스 제공자는 소비자가 자신의 제품을 긍정적으로 평가할 수 있도록 다양한 마케팅 전략을 수립하고 실행해야 합니다.

4. 구매 결정

소비자가 대안 평가 과정을 거쳐 최종적으로 특정 제품이나 서비스를 구매하기로 하는 과정입니다. 이 단계에서 소비자는 자신이 수집하고 평가한 정보를 바탕으로 가장 욕구를 충족시킬 수 있는 옵션을 선택합니다. 구매 결정은 단순히 제품을 선택하는 것뿐만 아니라 구매할 시기, 구매 장소, 구매 수량 등과 같은 다양한 요소를 포함합니다. 소비자의 최종 결정은 개인적 가치관, 경제적 상황, 사회적 영향 등 여러 요인에 의해 영향을 받을 수 있습니다. 구매 결정 과정에서 소비자는 때때로 예상치 못한 변수, 예를 들어 가격 변동, 제품의 가용성 문제, 타인의 의견 등으로 인해 결정을 변경할 수도 있습니다. 또한 구매 결정 후에는 소비자가 구매한 제품이나 서비스에 대한 만족도를 평가하는 '후구매 평가' 단계로 넘어갑니다. 이 평가 과정은 향후 구매 결정에 영향을 미치며 긍정적인 평가는 재구매나 추천으로 이어질 수 있습니다. 제품과 서비스 제공자는 소비자의 구매 결정을 유도하기 위해 신뢰를 구축하고, 제품의 가치를 명확히 전달하는 마케팅 전략을 수립해야 합니다. 결국 구매 결정 단계는 소비자의 구매 행동 과정에서 매우 중요한 역할을 하며 소비자와 기업 모두에게 중대한 영향을 미칩니다.

5. 후속 행동

소비자가 제품이나 서비스를 구매하고 사용한 후에 나타나는 다양한 반응과 행동을 의미합니다. 이 단계는 소비자가 경험한 만족도에 따라 구매한 제품이나 서비스를 재구매하거나, 다른 사람에게 추천하는 긍정적인 행동을 취할 수 있습니다. 반면 기대치를 충족시키지 못한 경우 불만을 표현하거나 제품을 반품하는 등 부정적인 행동을 취할 수도 있습니다. 후속 행동 단계에서 소비자의 피드백은 기업에 매우 중요한 정보원이 되며 이를 통해 제품이나 서비스의 개선점을 파악하고, 더 나은 고객 경험을 제공하기 위한 전략을 수립할 수 있습니다.

또한 소비자는 자기 경험을 소셜 미디어, 온라인 리뷰 사이트 등 다양한 플랫폼을 통해 공유할 수 있으며, 이러한 공유가 다른 소비자의 구매 결정에 영향을 미칠 수 있습니다. 이러한 과정은 긍정적인 입소문을 생성할 수 있으며 브랜드의 신뢰성과 인지도를 높이는 데 기여합니다.

기업은 후속 행동 단계에서 소비자의 의견을 적극적으로 수렴하고, 고객 서비스를 강화하며, 불만 사항을 신속하게 해결함으로써 고객 관계를 장기적으로 유지하고 강화할 수 있습니다. 이는 고객 충성도를 높이고, 장기적으로는 브랜드 가치를 증진하는 결과를 가져올 수 있습니다.

결국 "후속 행동" 단계는 소비자와 기업 간의 상호작용이 지속되는 과정으로, 이 단계에서의 경험이 향후 소비자의 행동 및 기업의 전략에 큰 영향을 미칩니다.

이러한 구매 결정 과정을 이해함으로써 우리는 자신이 왜 특정제품을 선택하는지, 어떤 요소들이 우리의 결정에 영향을 미치는지 더 깊이 이해할 수 있습니다. 이 과정을 통해 소비자들은 자신의 필요와 욕구에 가장 잘 맞는 제품을 선택할 수 있으며 마케터들은 소비자의 구매 결정 과정을 더 잘 이해하고 이에 맞춰 효과적인 마케팅 전략을 수립할 수 있습니다.

4장

효과적인 타깃팅 전략

효과적인 타깃팅 전략은 시장에서 자신의 제품이나 서비스에 가장 잘 맞는 소비자 집단을 정확히 찾아내고, 그들에게 맞춤형 마케팅 메시지를 전달하는 방법입니다.

이러한 전략은 소비자의 연령, 성별, 취미, 생활 방식 등 다양한 정보를 분석하여 반응이 좋을 것 같은 특정 그룹을 찾아내는 과정을 포함합니다. 타깃팅 전략은 자원을 가장 효율적으로 사용하고, 마케팅 효과를 극대화하는 데 중요합니다.

이 전략을 통해 기업은 시장 내에서 자신의 위치를 강화하고 경쟁력을 높일 수 있습니다.

타깃팅의 정의와 중요성

타깃팅은 마케팅에서 매우 중요한 개념 중 하나입니다. 간단하게 설명하자면 타깃팅은 자신의 제품이나 서비스가 필요한 혹은 관심이 높을 것으로 예상되는 특정한 사람들을 정확하게 식별하여 그들을 대상으로 마케팅 활동을 집중적으로 수행하는 것을 의미합니다. 이러한 방식을 통해 자원을 효율적으로 사용할 수 있으며 마케팅 메시지가 해당 대상에게 더욱 효과적으로 전달되어 더 좋은 결과를 기대할 수 있습니다.

그렇다면 왜 타깃팅이 중요한가? 모든 사람을 대상으로 마케팅을 진행할 경우 많은 노력과 비용이 소요되지만 실제로 효과를 보는 경우는 드뭅니다. 반면 타깃팅을 통해 제품이나 서비스가 필요한 사람들에게만 집중한다면 더 효과적인 결과를 얻을 수 있습니다. 타깃팅의 중요성은 이러한 측면에서 드러납니다.

1. 자원의 효율적 사용

기업이 마케팅 자원을 최대한 효율적으로 사용하는 데 필수적입니다. 모든 시장에게 동일하게 접근하는 것은 비효율적이며 낮은 수익률을 낳을 수 있습니다. 대신 타깃팅을 통해 기업은 자신의 제품이나 서비스가 필요한 특정 고객 집단에 집중할 수 있습니다. 이런 집중적인 접근은 마케팅의 효과를 극대화하고 높은 투자 대비 수익(ROI)을 달성할 수 있도록 돕습니다. 타깃팅은 따라서 자원을 효과적으로 사용하며 목표 시장에 접근하는 핵심 전략입니다.

2. 고객 만족도 향상

타깃팅을 통해 고객 만족도를 높이는 것은 매우 중요한 전략입니다. 기업이 특정 소비자 집단에 집중함으로써 그들의 구체적인 필요와 욕구에 더 깊이 주목할 수 있습니다. 이런 방식으로 기업은 고객의 기대를 충족시키거나 초과하는 맞춤화된 제품이나 서비스를 개발하고 제공할 수 있습니다. 고객이 자신의 요구가 정확히 이해되고 충족되었다고 느낄 때 만족도가 자연스레 높아지게 됩니다. 이는 장기적인 고객 충성도와 긍정적인 입소문으로 이어지며, 기업의 성장과 성공에 결정적인 역할을 합니다. 타깃팅은 고객 만족과 직결되는 핵심 전략입니다.

3. 경쟁 우위 확보

특정 고객 집단을 타깃으로 하는 전략으로 기업은 맞춤형 제품이나 서비스를 제공해 시장 내에서 독특한 위치를 확보합니다. 이 과정에서 고객에게 경쟁사와 차별화된 가치를 제공함으로써 고객의 충성도와 선호도를 높일 수 있습니다. 타깃팅은 기업이 자원을 더욱 효율적으로 활용하여 마케팅 및 연구 개발에 집중할 수 있게 합니다. 이 전략은 기업이 시장에서 장기적인 경쟁 우위를 확보하도록 돕습니다.

4. 효과적인 커뮤니케이션

기업이 특정 고객 집단을 타깃으로 할 때 그들의 언어와 관심사, 필요를 정확히 파악해 의미 있는 메시지를 전달할 수 있습니다. 이 접근은 고객과 강한 공감대를 형성하고 메시지 전달력을 강화합니다. 고객은 자신의 요구가 이해되고 충족될 것이라 느끼며 이는 기업과 고객 간의 신뢰와 관계를 깊게 합니다. 맞춤형 커뮤니케이션은 정보 오버로드를 줄이고 고객의 관심을 끌어 행동 유도에 효과적입니다. 타깃팅을 통한 효과적인 커뮤니케이션은

고객 만족도와 기업의 브랜드 가치를 높이는 데 중요한 역할을
합니다.

5. 신제품의 성공적 출시

기업이 특정 고객 집단을 목표로 할 때 그들의 세밀한 요구와
기대를 깊이 이해할 수 있으며 이를 바탕으로 신제품을 개발하고
마케팅 전략을 수립할 수 있습니다. 이런 접근 방식은 신제품이
시장에 진입했을 때 고객들로부터 즉각적인 관심과 긍정적인 반
응을 끌어내는 데 큰 도움이 됩니다. 또한, 타깃팅을 통해 기업은
마케팅 자원을 효율적으로 사용하며 신제품에 대한 메시지를 명
확하고 효과적으로 전달할 수 있습니다. 이는 고객의 인식을 높
이고 신제품에 대한 수요를 창출하는 데 중요합니다. 결국 신제품
의 성공적인 출시는 타깃팅을 통한 정교한 시장 분석과 고객 이
해, 그리고 맞춤형 전략의 실행에서 비롯됩니다.

타깃팅은 단순히 특정 고객 집단을 선택하는 것 이상의 의미
를 가집니다. 시장 분석, 소비자 행동 이해, 경쟁사 분석 등 광범
위한 조사와 분석을 통해 이루어지는 전략적 결정 과정입니다.
이 과정을 통해 기업은 자신의 강점을 최대한 활용하여 시장에서
성공적인 위치를 확보할 수 있습니다.

세분화, 포지셔닝 전략

세분화와 포지셔닝은 마케팅에서 분리할 수 없는 전략입니다. 우선 세분화는 넓은 시장을 다양한 소그룹으로 나누는 것을 말합니다. 이 과정을 통해, 각 그룹의 특성과 필요를 더 잘 파악할 수 있습니다. 예를 들어 동일한 음료를 선호하는 사람들이라도, 나이, 성별, 취향에 따라 선호하는 맛이나 종류가 다를 수 있습니다.

그 후에는 포지셔닝 전략이 중요해집니다. 이 전략은 우리의 제품이나 서비스가 고객의 마음속에서 어떠한 위치를 차지하게 할지를 결정합니다. 예컨대 제품을 건강하고 자연스러운 선택으로 포지셔닝하고자 한다면 모든 커뮤니케이션에서 해당 메시지를 일관되게 전달해야 합니다.

세분화를 통해 우리가 주목해야 할 고객을 명확히 하고, 포지셔닝을 통해 그 고객들에게 어떻게 접근할지 전략을 세웁니다. 이 두 전략을 활용함으로써 기업은 제품이나 서비스를 시장에 더욱 효과적으로 선보일 수 있습니다. 결국 세분화와 포지셔닝은 시장에서 제품의 성공을 위한 필수적인 단계입니다.

'세분화Segmentation'와 '포지셔닝Positioning'에 대해 자세히 알아보겠습니다.

세분화

시장을 구성하는 소비자들을 여러 기준에 따라 구분하는 과정입니다. 이 과정은 마케팅 전략을 수립하는 데 있어 핵심적인 단계로, 제품이나 서비스를 제공하려는 특정 타깃 시장을 보다 명확하게 정의하고 이해하는 데 도움이 됩니다. 세분화를 통해 기업들은 소비자들의 다양한 필요와 선호를 파악하고, 그에 맞춰 맞춤형 마케팅 전략을 개발할 수 있습니다.

세분화는 크게 다음과 같은 기준에 따라 이루어질 수 있습니다.

1. 지리적 세분화

소비자들을 그들이 살고 있는 지역, 도시, 국가 등의 지리적 위치에 따라 나누는 방법입니다. 지역마다 문화, 기후, 인구 밀도 등이 다르기 때문에, 지리적 세분화는 특정 지역에 적합한 제품이나 마케팅 전략을 개발하는 데 유용합니다.

2. 인구통계학적 세분화

인구학적 특성을 기준으로 소비자들을 세분화하는 방법입니다. 나이, 성별, 소득, 학력, 직업, 가족 구성 등이 이에 해당합니다. 이는 가장 널리 사용되는 세분화 방법의 하나로, 특정 인구학적 특성을 가진 사람들이 비슷한 구매 패턴을 보일 가능성이 높기 때문입니다.

3. 심리적 세분화

소비자의 생활 방식, 가치관, 성격 등 심리적 특성을 기준으로 하는 세분화 방법입니다. 이 방법은 소비자의 내면적 동기와 태도를 이해함으로써 더 깊이 있는 마케팅 전략을 수립할 수 있게 해 줍니다.

4. 행동적 세분화

소비자의 제품이나 서비스에 대한 구매 행동, 사용 빈도, 충성도 등을 기준으로 하는 세분화 방법입니다. 이는 소비자가 실제로 어떻게 행동하는지를 분석하여, 그에 맞는 전략을 개발하는데 중점을 둡니다.

이러한 세분화 과정을 통해 기업들은 타깃 시장을 보다 명확히 정의할 수 있으며, 소비자의 다양한 요구와 기대에 맞춰 맞춤화된 제품이나 서비스를 제공할 수 있습니다. 또한 세분화를 통해 획득한 통찰력은 효과적인 마케팅 커뮤니케이션 전략을 수립하는 데도 중요한 역할을 합니다.

포지셔닝

시장 내에서 제품이나 브랜드가 차지하는 독특한 위치나 지위를 정의하고 그것을 소비자의 마음속에 확고히 자리 잡게 하는 마케팅 전략입니다. 기본적으로 포지셔닝은 제품이나 서비스를 시장에 어떻게 인식시킬 것인지, 경쟁 제품과는 어떻게 차별화될 것인지에 대한 전략을 수립하는 과정을 말합니다.

포지셔닝의 핵심 목표는 소비자의 마음속에 브랜드나 제품에 대한 명확하고 유리한 인상을 심어주는 것입니다. 이를 통해 소비자가 구매 결정을 내릴 때 해당 브랜드나 제품을 먼저 고려하도록 유도하는 것이죠. 포지셔닝 전략은 소비자의 인식과 기대를 적절히 관리하여, 브랜드가 지속적으로 경쟁 우위를 유지할 수 있도록 합니다.

포지셔닝 전략을 수립하는 과정은 크게 다음과 같습니다.

1. 시장 분석

시장의 현재 상황, 경쟁사, 소비자의 요구와 기대 등을 분석합니다. 이를 통해 시장 내에서의 기회와 위협을 파악합니다.

2. 경쟁사 분석

경쟁사의 제품이나 서비스가 어떻게 포지셔닝되어 있는지를 분석합니다. 이는 자신의 브랜드나 제품이 차별화될 수 있는 포인트를 찾는 데 도움이 됩니다.

3. 포지셔닝 전략 수립

분석 결과를 바탕으로 자신의 제품이나 서비스가 시장 내에서 차지할 독특한 위치를 정의합니다. 이때, 소비자가 가치를 두는 특성이나 이점을 강조하는 것이 중요합니다.

4. 포지셔닝 스테이트먼트 개발

선택한 포지셔닝 전략을 명확하게 표현하는 짧고 강력한 문장을 만듭니다. 이 포지셔닝 스테이트먼트는 마케팅 커뮤니케이션의 기반이 됩니다.

5. 실행 및 모니터링

포지셔닝 전략을 시장에 실행하고, 그 효과를 지속해서 모니터링합니다. 필요할 경우 전략을 조정하여 더 나은 결과를 달성할 수 있도록 합니다.

포지셔닝은 소비자가 브랜드나 제품을 인식하는 방식을 형성하는 데 중요한 역할을 하며 강력한 브랜드 정체성을 구축하는 데 기여합니다. 따라서 경쟁이 치열한 시장에서 성공하기 위해서는 효과적인 포지셔닝 전략이 필수적입니다.

PART 4

제품과 가격 결정

5장

제품 전략의 중요성

제품 전략은 기업이 시장에서 성공하기 위한 핵심 요소로 제품 개발부터 출시, 성장, 성숙 단계에 이르기까지의 전 과정을 관리합니다.

이를 통해 기업은 시장의 요구와 변화에 대응하는 방향을 설정하고 명확한 목표 달성을 위한 로드맵을 구성할 수 있습니다. 좋은 제품 전략은 시장 내 차별화를 가능하게 하고, 경쟁사 대비 우위를 확보하는 데 중요한 역할을 합니다.

강력한 제품 전략은 고객 만족도를 높이고 기업의 성장과 수익성을 촉진하는 원동력이 됩니다.

제품 개발과 생명주기

제품 개발과 생명주기에 관해 이야기하자면 이 둘은 마치 한 편의 드라마와 같습니다. 제품 개발은 드라마의 첫 회, 즉 시작점이며 생명주기는 그 드라마가 어떻게 전개되고 마무리되는지를 보여줍니다.

먼저 제품 개발 과정은 아이디어 창출에서부터 시장 출시에 이르는 일련의 과정을 포함합니다. 이 과정에서는 시장 조사와 소비자의 니즈를 파악해 새로운 제품 아이디어를 도출하고 이를 구체화합니다. 초기에는 다양한 아이디어와 가능성을 탐색하는 브레인스토밍이 중요하며 이후 선별된 아이디어에 대해 심도 있는 분석을 진행합니다.

제품 개념이 확정되면 프로토타입 제작과 테스트 과정을 거쳐 제품의 기능성, 안정성, 소비자의 반응을 평가합니다. 이 과정은 제품의 설계를 개선하고, 생산 가능성을 확인하는 중요한 절차입니다. 테스트 결과를 바탕으로 제품의 최종 설계가 이루어지며, 이때 고려해야 할 요소는 제조 비용, 제품의 품질, 시장에서의 경쟁력 등 다양합니다.

제품 개발 과정은 또한 마케팅 전략의 수립을 포함합니다. 시장 출시 계획, 가격 전략, 프로모션 계획 등이 이 시점에 구체화되어 제품이 시장에 성공적으로 진입할 수 있는 토대를 마련합니다.

이 과정은 높은 위험과 비용을 수반하지만, 기업의 성장과 경쟁력 강화에 있어 핵심적인 역할을 합니다. 혁신적인 제품 개발은 시장에서의 선도적 위치를 확보하고, 지속 가능한 성장을 위한 기반을 마련합니다. 따라서 기업은 철저한 시장 분석, 체계적인 개발 과정 관리, 그리고 효과적인 마케팅 전략 수립에 주력해야 합니다.

제품이 개발되고 나면 이제 그 제품의 '생명주기'가 시작됩니다. 생명주기는 크게 네 단계(도입기, 성장기, 성숙기, 그리고 쇠퇴기)로 나뉩니다.

1. 도입기

제품이 시장에 처음 소개되는 단계입니다. 이 시기는 제품 인지도와 수요를 증가시키기 위한 마케팅 활동이 중요하며 대개 비용이 많이 들고 수익성은 낮은 특징을 보입니다. 초기 시장 반응을 파악하고, 제품의 위치를 확립하는 과정에서 기업은 다양한 도전에 직면합니다. 소비자들은 새로운 제품에 대해 주저하거나 인지하지 못할 수 있기 때문에 기업은 제품의 가치와 이점을 명확하게 전달해야 합니다. 성공적인 도입기를 위해서는 효과적인 광고, 프로모션, 그리고 때로는 가격 전략을 포함한 다양한 마케팅 전략이 필요합니다. 이 단계를 잘 관리하면 제품은 다음 단계인 성장기로 안정적으로 이행할 수 있으며 시장에서의 장기적인 성공을 위한 기반을 마련할 수 있습니다.

2. 성장기

제품 수요와 매출이 빠르게 증가하는 시기입니다. 이 단계에서는 제품 인지도가 상승하고, 시장 점유율이 확대되면서 경쟁이 치열해집니다. 기업은 이 시기에 생산 효율성을 극대화하고, 유통 채널을 확장하여 더 많은 소비자에게 도달하려 합니다. 또한 제품의 차별화와 품질 개선에 주력하면서 소비자의 충성도를 높이는 전략이 중요해집니다. 성장기는 또한 새로운 경쟁자가 시장에 진입하는 시기이기도 하여 가격 경쟁과 마케팅 전략의 다양화가 필요합니다. 이 시기를 성공적으로 관리하면 기업은 안정적인 수익 창출과 함께 장기적인 시장 지배력을 확보할 수 있습니다. 성장기의 종료는 시장 포화 상태에 접근하면서 성장 속도가 둔화하는 시점으로 이후 제품은 성숙기로 진입하게 됩니다.

3. 성숙기

제품 생명주기 중 시장 성장이 정체되고 제품이 시장 내에서 폭넓게 수용된 단계를 말합니다. 이 시기에는 매출 증가율이 둔화하며 시장 점유율의 변화가 적고 경쟁이 안정된 상태를 보입니다. 기업은 이제 시장 점유율을 유지하거나 소폭 증가시키기 위해 노력하며 이를 위해 제품 다양화, 품질 향상, 비용 절감 등에 집중합니다. 소비자 충성도 유지와 브랜드 가치 강화가 중요한 전략으로 자리 잡으며 마케팅 활동은 주로 기존 고객을 대상으로 합니다. 또한 기업은 경쟁 우위를 유지하기 위해 효율적인 생산 및 유통 방식을 모색하게 됩니다. 성숙기의 도전 과제 중 하나는 시장 포화로 인한 가격 경쟁의 심화입니다. 이 단계를 통과하면 제품은 점차 쇠퇴기로 이동하게 되며 기업은 제품의 수명 연장 전략이나 신제품 개발을 고려하기 시작합니다.

4. 쇠퇴기

제품 생명주기의 마지막 단계로 제품의 매출과 수익성이 지속해서 감소하는 시기입니다. 이 시기는 신기술의 등장, 소비자의 니즈 변화, 더 나은 대체 제품의 출시 등으로 인해 발생합니다. 시장에서의 제품 수요가 줄어들면서 기업은 생산량을 줄이고, 유통 채널을 축소하는 등 비용 절감 조치를 하게 됩니다. 또한 기업은 제품 포트폴리오를 재평가하며, 비효율적인 제품을 단종시키거나 혁신을 통해 제품을 재창조하는 전략을 고려할 수 있습니다. 마케팅 활동은 주로 기존 고객을 유지하는 데 초점을 맞추며, 새로운 시장 기회 탐색이 중요해집니다. 쇠퇴기를 관리하는 방식은 기업의 장기 전략과 밀접하게 연결되어 있으며, 때로는 새로운 성장 동력을 발견하는 기회가 될 수도 있습니다. 이 단계를 통해 기업은 시장 변화에 능동적으로 대응하며 지속 가능한 발전을 위한 새로운 방향을 모색하게 됩니다.

단계마다 기업은 다양한 전략을 사용해야 합니다. 예를 들어 도입기에는 제품 인지도를 높이기 위한 마케팅 전략이 필요하고, 쇠퇴기에는 제품을 개선하거나 새로운 제품으로 전환하는 전략이 필요합니다.

이 모든 과정은 마치 드라마의 에피소드들이 연결되어 전체 이야기를 완성하는 것과 같습니다. 제품의 생명주기를 잘 관리하는 것은 기업에 매우 중요한 일이며 이를 통해 지속적인 성장과 수익을 달성할 수 있습니다.

이제 제품 생명주기와 관련된 몇 가지 중요한 포인트를 더 살펴보겠습니다.

- 혁신과 개선 : 제품이 성숙기나 쇠퇴기에 접어들었다고 해서 끝이 아닙니다. 기업은 지속적인 혁신과 제품 개선을 통해 새로운 생명을 불어넣을 수 있습니다. 예를 들어 스마트폰 시장에서 보듯이 새로운 기능이나 디자인을 추가하여 소비자의 관심을 다시 끌 수 있습니다.
- 시장의 변화에 유연하게 대응하기 : 시장은 항상 변화하고 있습니다. 기술의 발전, 소비자의 취향 변화, 경쟁 상황 등 여러 요인이 작용합니다. 기업은 이러한 변화를 민첩하게 파악하고, 전략을 적절히 조정하여 시장에서의 위치를 강화해야 합니다.
- 지속 가능한 성장을 위한 전략 : 제품의 생명주기 관리는 단순히 한 제품에만 국한되지 않습니다. 기업은 포트폴리오 전략을 통해 여러 제품의 생명주기를 관리하며 지속 가능한

성장을 추구해야 합니다. 어떤 제품은 성장기에 있을 때 다른 제품은 쇠퇴기에 있을 수 있으므로, 이를 균형 있게 관리하는 것이 중요합니다.

제품 개발과 생명주기를 이해하는 것은 단순히 제품을 만들고 판매하는 것을 넘어서 시장에서 지속 가능한 성공을 달성하기 위한 기업 전략의 핵심입니다. 마케팅 강사로서 여러분이 이런 내용을 일반인들에게 쉽고 재미있게 전달한다면, 제품과 시장에 대한 깊은 이해를 돕고, 더 나아가 현명한 소비자가 되는 데에도 기여할 수 있을 것입니다.

브랜딩 전략
....

브랜딩은 단순히 로고나 슬로건을 넘어서 사람들이 특정 브랜드를 어떻게 인식하고 느끼는지에 대한 전반적인 과정을 말합니다. 즉 브랜드의 정체성을 구축하고 그것을 소비자에게 전달하는 전략을 의미합니다.

첫째, 브랜드 정체성을 명확히 합니다. 이는 브랜드가 대표하는 가치, 목표, 그리고 기업 문화를 고객에게 전달하는 방식을 결정합니다. 명확한 브랜드 정체성은 소비자가 브랜드를 인식하고 기억하는 데 도움을 줍니다. 이는 브랜드와 소비자 사이의 감정적 연결을 형성하며 충성도 높은 고객 기반을 구축하는 데 중요한 역할을 합니다. 또한 시장 내에서 브랜드가 차별화되고 경쟁력을 갖추게 하는 데 필수적입니다. 명확한 정체성을 가진 브랜드는 마케팅 전략을 더 효과적으로 수립할 수 있으며, 광고나 프로모션 활동에서 일관된 메시지를 전달할 수 있습니다. 결국 브랜드 정체성의 명확화는 브랜드의 성공을 위한 핵심적인 첫걸음입니다.

둘째, 타겟 고객을 정확히 파악합니다. 이 과정을 통해 기업은 자신의 제품이나 서비스가 맞춤화될 수 있는 구체적인 고객 집단을 식별할 수 있습니다. 타겟 고객의 특성을 이해하는 것은 제품 개발, 광고, 그리고 프로모션 전략을 더욱 효과적으로 설계하는 데 필수적입니다. 이는 또한 마케팅 자원의 낭비를 줄이고 광고 메시지의 효율성을 극대화하는 데 도움을 줍니다. 타겟 고객에 대한 깊은 이해는 고객의 요구와 기대를 충족시키는 맞춤형 제품과 서비스를 제공하는 기반을 마련합니다. 이를 통해 기업은 고객과의 관계를 강화하고, 장기적인 고객 충성도를 구축할 수 있습니다.

셋째, 일관성 있는 커뮤니케이션을 유지합니다. 이는 모든 마케팅 채널과 접점에서 브랜드 메시지가 일관되게 전달되어야 함을 의미합니다. 일관성 있는 메시지 전달은 소비자가 브랜드를 쉽게 인식하고 기억하게 만들며, 브랜드에 대한 신뢰를 쌓는 데 도움을 줍니다. 이러한 접근은 브랜드 정체성을 강화하고 소비자와의 감정적 연결을 깊게 합니다. 또한 일관된 커뮤니케이션은 브랜드 가치를 효과적으로 전달하며 시장에서의 경쟁 우위를 확보하는 데 기여합니다. 장기적으로는 고객 충성도를 높이고 브랜드에 대한 긍정적인 인식을 강화하는 결과를 가져옵니다.

넷째, 차별화된 가치를 제공합니다. 이는 경쟁사와 구별되는 고유한 제품이나 서비스의 특징을 강조함으로써 이루어집니다. 차별화된 가치는 소비자에게 선택의 이유를 제공하며, 브랜드에 대한 강력한 인상을 남깁니다. 이 과정에서 중요한 것은 타겟 고객의 필요와 욕구를 정확히 이해하고 그들에게 실질적인 이익을 제공하는 것입니다. 차별화는 또한 브랜드의 가치 제안을 명확히 하며 시장 내에서의 위치를 확립하는 데 도움을 줍니다. 장기적으로는 브랜드 충성도와 시장 점유율을 증가시키는 데 기여하며 지속 가능한 성장을 가능하게 합니다.

마지막으로 감정적 연결을 만듭니다. 이는 소비자가 브랜드를 단순한 제품이나 서비스를 넘어서 감정적으로 의미 있는 존재로 인식하게 만듭니다. 감정적 연결은 광고, 스토리텔링, 고객 경험 등 다양한 방식으로 만들어질 수 있으며 이는 소비자가 브랜드에 대해 더 깊은 충성도를 갖게 만듭니다. 이러한 연결은 브랜드에 대한 긍정적인 감정을 촉발하며 결정적인 순간에 소비자의 구매 결정에 영향을 미칩니다. 또한 감정적 연결은 소비자가 브랜드에 대해 입소문을 낼 가능성을 높이며, 브랜드의 사회적 인식을 강화합니다. 장기적으로는 소비자와의 지속적인 관계를 구축하며 시장에서의 경쟁력을 강화합니다.

브랜딩 전략은 단기간에 결과를 보기 어려울 수 있지만, 장기적으로 브랜드 가치를 높이고 시장에서의 위치를 강화하는 데 매우 중요한 역할을 합니다. 따라서 체계적이고 일관된 노력이 필요합니다.

6장

가격 결정의 기초

가격 결정은 제품이나 서비스의 가치를 숫자로 표현하는 과정입니다. 이 과정에서는 비용, 소비자의 지불 의사, 경쟁 상황, 시장의 수요와 공급 등 다양한 요소를 고려해야 합니다.

기업은 이익을 극대화하고 시장에서 경쟁력을 유지하기 위해 적절한 가격을 결정해야 합니다. 가격 결정은 단순히 이윤을 추구하는 것 이상의 의미를 가지며 기업의 브랜드 이미지와 시장 내 위치를 결정짓는 중요한 역할을 합니다.

가격 결정은 기업 전략의 핵심이며, 소비자와의 관계를 형성하고 시장에서의 성공을 좌우하는 결정적인 요소가 됩니다.

가격 결정의 원칙

가격 결정은 우리 일상생활에서도 자주 접하는 과정입니다. 예를 들어 상점에서 물건을 구매할 때 그 제품의 가격이 어떻게 결정되었는지 궁금증을 가진 적이 있으실 겁니다. 가격 결정의 원칙은 다양한 요소를 고려하여 복잡하게 이루어집니다.

첫 번째로, '비용 기반 가격 결정' 방식이 있습니다. 이는 제품이나 서비스의 제작비용을 기준으로 가격을 정하는 방법입니다. 이 방식에서는 먼저 제품을 만드는 데 드는 모든 비용을 계산합니다. 여기에는 재료비, 노동비, 제조비 등이 포함됩니다. 그런 다음 이 비용에 기업이 원하는 이익 마진을 더해 최종 가격으로 결정하게 됩니다. 이익 마진은 기업이 목표로 하는 수익률을 반영합니다. 비용 기반 가격 결정 방식은 계산이 간단하고 이해하기 쉽다는 장점이 있습니다. 하지만 시장의 수요나 경쟁 상황을 고려하지 않는다는 단점도 있습니다. 따라서 이 방식은 비용을 정확히 파악할 수 있고 시장에서의 가격 경쟁이 덜한 제품이나 서비스에 적합합니다.

두 번째로, '수요 기반 가격 결정' 방식이 존재합니다. 이는 시장의 수요 상황을 기반으로 가격을 설정하는 방법입니다. 이 방식에서는 소비자가 제품이나 서비스에 대해 얼마나 지급할 의사가 있는지가 중요한 기준이 됩니다. 시장 조사를 통해 소비자의 지급 의사와 제품에 대한 수요를 파악합니다. 수요가 높고 소비자가 높은 가격을 지급할 의사가 있는 경우, 기업은 가격을 높게 설정할 수 있습니다. 반대로 수요가 낮거나 소비자의 지급 의사가 낮은 경우 가격을 낮추어야 할 수도 있습니다. 이 방식은 시장의 변화에 민감하게 반응해야 하며 정확한 시장 분석이 선행되어야 합니다. 이 방식은 특히 소비자의 가치 인식과 지불 의사가 중요한 역할을 하는 고가의 제품이나 서비스에 적합합니다.

세 번째는 '경쟁 기반 가격 결정' 방법입니다. 이는 시장 내 경쟁 상황을 기준으로 가격을 설정하는 전략입니다. 이 방식에서는 자사 제품이나 서비스의 가격을 경쟁사의 가격과 비교하여 결정합니다. 기업은 먼저 경쟁사의 제품 가격, 품질, 서비스 등을 면밀히 분석합니다. 이를 통해 자사 제품의 가격을 경쟁사보다 낮게 설정하여 시장 점유율을 확대할 수도 있고, 더 높은 가치를 제공한다고 판단될 경우 더 높은 가격을 책정할 수도 있습니다. 이 방식은 시장에서의 위치와 경쟁 상태를 정확히 파악하는 것이 중요합니다. 특히 가격 경쟁이 치열한 시장에서는 이 방식을 통해 경쟁 우위를 확보하려는 전략이 필수적입니다. 이 방법은 시장 내 경쟁 상황을 고려하여 가격 결정의 기준을 마련하며 시장 점유율 확대나 경쟁 우위 확보에 목적을 두고 있습니다.

또한 '가치 기반 가격 결정' 방식도 중요합니다. 소비자가 제품이나 서비스에 부여하는 가치를 기반으로 가격을 설정하는 전략입니다. 이 방식에서 중요한 것은 소비자가 제품 사용으로 인해 얻을 수 있는 이익이나 만족감, 즉 제품이나 서비스가 제공하는 실질적인 가치입니다. 기업은 소비자의 필요와 욕구를 깊이 이해하고, 그에 따라 제품이나 서비스가 가져다주는 독특한 가치를 명확히 제시해야 합니다. 이 방법을 통해 기업은 제품의 가치를 극대화하고 그에 상응하는 가격을 설정할 수 있습니다. 가치 기반 가격 결정은 특히 독특한 기능이나 서비스, 브랜드 이미지 등이 강조되는 시장에서 유효합니다. 이 전략은 소비자가 높은 가치를 인식하게 함으로써 더 높은 가격을 정당화할 수 있으며, 결국 더 높은 수익성으로 이어질 수 있습니다. 이 방식은 소비자 중심적 접근 방식을 요구하며 시장 내에서 제품이나 서비스의 가치를 최대화하는 데 중점을 둡니다.

이러한 가격 결정의 다양한 원칙을 통해 올바른 가격 설정은 소비자의 구매를 유도하고, 기업의 수익성을 높이며 시장에서의 경쟁력을 갖출 수 있게 합니다. 기업은 이 과정에서 시장 조사, 소비자 조사, 경쟁 분석을 통해 시장 동향을 파악하고 소비자의 요구를 더욱 정확히 이해할 수 있습니다.

가격 전략의 종류

가격 전략은 마케팅에서 정말 중요한 부분입니다. 사실상 제품이나 서비스의 가격을 어떻게 책정하느냐가 그 제품의 성공 여부를 크게 좌우하기도 합니다. 여기 몇 가지 기본적인 가격 전략을 쉽게 설명하겠습니다.

1. 침투 가격 전략

침투 가격 전략은 신제품이나 서비스를 시장에 처음 도입할 때 낮은 가격을 설정하여 대규모 고객 기반을 빠르게 확보하려는 방법입니다. 이는 짧은 시간 안에 시장 점유율을 확대하고 경쟁사대비 우위를 선점하는 것을 목적으로 합니다. 낮은 가격 설정으로 소비자의 관심을 끌고 대량 판매를 통해 규모의 경제를 실현하며 경쟁사의 시장 진입을 어렵게 만듭니다. 초기 낮은 가격 설정으로 인한 손실과 가격 인상 시 소비자 불만, 제품 품질에 대한 부정적 인식이 위험 요소로 작용할 수 있습니다. 성공적인 실행을 위해 시장과 타겟 고객에 대한 철저한 조사, 비용 관리, 장기적인 가격 조정 계획이 필요합니다. 이 전략은 특히 가격에 민감한 경쟁이 치열한 시장에서 유효합니다.

2. 스키밍Skimming 가격 전략

반대로 스키밍 전략은 신제품을 시장에 출시할 때 초기에 높은 가격을 책정해 최대한의 이익을 추구하는 정책입니다. 제품의 독특함이나 혁신성을 강조하여 높은 가격을 지불할 의향이 있는 시장 세그먼트를 타겟으로 합니다. 초기 높은 가격은 제품에 대한 높은 수요가 예상되는 소비자들로부터 높은 마진을 얻기 위한 것이며 시간이 지나면서 가격을 낮추어 다른 시장 세그먼트를 공략합니다. 기술적으로 진보된 제품이나 고유의 특징을 가진 제품에 적합하며 초기 시장에서의 경쟁이 적을 때 효과적입니다. 제품의 개발 비용 회수, 브랜드 가치 제고, 가격에 민감하지 않은 소비자층 확보에 유리합니다. 높은 가격이 가격에 민감한 소비자를 소외시킬 수 있으며 경쟁사의 저가 제품 진입을 유도할 수 있습니다. 성공적인 실행을 위해 제품의 독특함과 우수성을 효과적으로 전달할 수 있는 마케팅 전략이 필요하며 제품 생명주기 초기 단계에서 높은 수익을 창출하는 데 중점을 둡니다.

3. 가치 기반 가격 전략

이 전략은 제품이나 서비스가 제공하는 가치에 초점을 맞춰 가격을 결정하는 방법입니다. 이 전략은 소비자가 인식하는 가치 즉 제품이나 서비스로 인해 얻을 수 있는 이익과 만족도를 기반으로 가격을 책정합니다. 이를 통해 기업은 소비자가 느끼는 가치를 극대화하며 제품 개발과 마케팅에 집중할 수 있고 결과적으로 고객 충성도와 브랜드 차별화를 이룰 수 있습니다. 가치 기반 가격 설정은 시장 조사와 소비자 피드백을 통해 고객의 요구와 기대를 정확히 파악하는 것이 중요하며 소비자가 얼마나 가치를 느끼는지 측정하는 과정이 핵심입니다. 이 전략은 제품이나 서비스의 내재한 가치를 금전적으로 표현하여 가격을 정하며, 고객 중심의 접근 방식이 필요합니다. 가치 기반 가격 전략을 성공적으로 수행할 경우 기업은 경쟁사 대비 우위를 확보하고 장기적인 이익을 증대할 수 있습니다.

4. 경쟁 기반 가격 전략

시장 내 경쟁사의 가격을 기준으로 자사 제품이나 서비스의 가격을 결정하는 방식입니다. 이 전략은 경쟁이 치열한 시장에서 주로 사용되며 기업은 경쟁사의 가격을 면밀히 분석하여 자신의 가격을 조정합니다. 이를 통해 시장 내에서의 경쟁 우위를 확보하려는 목적을 가집니다.

경쟁 기반 가격 전략에는 여러 형태가 있습니다. 예를 들어 가격 팔로우 전략은 경쟁사의 가격 변동에 따라 자사의 가격을 조정하는 방식이며, 가격 리더십 전략은 시장 내에서 가격 설정의 기준점이 되는 것을 목표로 합니다. 또한 가격 전쟁을 회피하기 위해 경쟁사와 비슷한 수준의 가격을 유지하는 전략도 있습니다.

이 전략의 주요 장점은 시장 내에서의 가격 경쟁력을 유지하고, 가격 인상이나 인하에 신속하게 대응할 수 있다는 것입니다. 또한 소비자들에게 합리적인 가격으로 인식될 가능성이 높아, 시장 점유율을 유지하거나 확대할 수 있습니다.

그러나 경쟁 기반 가격 전략은 단점도 가지고 있습니다. 경쟁사의 가격에 지나치게 의존할 경우, 자사의 비용 구조나 가치 제안을 충분히 반영하지 못할 수 있습니다. 또한, 경쟁사와의 가격 경쟁으로 이어져 수익성이 저하될 위험이 있습니다.

경쟁 기반 가격 전략을 효과적으로 사용하기 위해서는 시장과 경쟁사의 동향을 지속해서 모니터링하고, 자사의 비용 구조와 고객 가치를 정확히 이해하는 것이 중요합니다. 이를 통해 합리적인 가격 설정이 가능하며, 장기적으로 기업의 경쟁력을 강화할 수 있습니다.

5. 심리적 가격 책정

소비자의 구매 결정에 영향을 미치는 심리적 요소를 활용하여 가격을 설정하는 전략입니다. 이 방법은 소비자가 가격을 인식하는 방식을 고려하여 제품이나 서비스의 가격을 조정함으로써 소비자의 구매 욕구를 촉진하려는 목적을 가집니다. 대표적인 예로는 '9'로 끝나는 가격 설정(예 : 1,999원)이 있으며, 이는 소비자에게 더 낮은 가격대로 인식되게 하여 구매를 유도하는 효과가 있습니다.

심리적 가격 책정의 핵심은 소비자가 가격을 단순히 숫자로만 보지 않고, 그 안에 담긴 가치와 의미를 함께 평가한다는 점입니다. 예를 들어, 소비자는 100원을 절약하기 위해 더 멀리 있는 상점에 가는 것은 꺼리지만 고가의 제품을 구매할 때는 그 차이를 중요하게 여기지 않는 경향이 있습니다. 이러한 심리를 이해하고 이용하는 것이 심리적 가격 책정의 핵심입니다.

또한 소비자들은 종종 가격을 통해 제품의 품질을 판단하기도 합니다. 너무 낮게 책정된 가격은 제품의 품질에 대한 의심을 불러일으킬 수 있으며 반대로 적절히 높은 가격은 제품의 가치를 높이 평가받게 할 수 있습니다. 이는 고급 제품이나 럭셔리 브랜드에서 특히 두드러지게 나타나는 현상입니다.

심리적 가격 책정 전략은 소비자의 구매 경험을 개선하고, 제품의 가치 인식을 높이는 데 기여할 수 있습니다. 그러나 이 전략을 효과적으로 사용하기 위해서는 시장 조사와 소비자 행동 분석을 통해 타겟 고객의 구매 패턴과 가격에 대한 인식을 정확히 파악하는 것이 중요합니다. 이를 바탕으로 기업은 소비자의 심리를 자극하는 가격을 책정하여 판매량을 증가시키고, 최종적으로는 기업의 수익성을 개선할 수 있습니다.

이 외에도 다양한 전략이 더 있지만 이러한 기본적인 전략들을 이해하는 것만으로도 시장에서 가격을 어떻게 책정할지에 대한 좋은 출발점을 가질 수 있습니다. 가격 전략은 그 자체로도 중요하지만, 전반적인 마케팅 전략, 제품의 포지셔닝, 브랜드 이미지와도 밀접하게 연결되어 있으니 꼭 종합적으로 고려해야 합니다.

PART 5

프로모션과 배포 전략

7장

광고와 프로모션의 역할

광고와 프로모션은 제품이나 서비스를 대중에게 알리는 데 중요한 역할을 하여, 소비자의 관심을 끌고 제품의 존재와 가치를 전달합니다.

프로모션은 할인, 쿠폰, 시험 사용 제공과 같은 다양한 활동을 통해 직접적으로 구매를 유도합니다. 이 두 전략은 소비자의 구매 결정 과정에 영향을 미쳐 인지도를 높이고 구매 장벽을 낮추는 역할을 합니다.

광고와 프로모션은 기업과 소비자 간의 소통 창구로 작용하며 제품 판매 증진과 시장에서의 경쟁력 강화에 결정적인 역할을 합니다.

다양한 광고 매체의 이해

마케팅을 이해하는 데에 광고 매체의 다양성을 아는 것은 매우 중요합니다. 광고 매체란 간단히 말해 우리가 제품이나 서비스에 대한 정보를 소비자에게 전달하는 다양한 방법을 의미합니다. 이제부터 우리 주변에서 흔히 볼 수 있는 몇 가지 광고 매체와 그 특성에 대해 알아보겠습니다.

전통적인 매체

신문, 잡지, 라디오, TV 등이 포함되며, 이들은 오랜 기간 동안 광고의 주요 수단으로 사용되어 왔습니다. 이러한 매체들은 각기 다른 특성이 있으며, 광고를 통해 다양한 소비자층에 도달할 수 있는 장점이 있습니다.

1. 신문

신문 광고는 전국 신문과 지역 신문 모두에 적용할 수 있는 매체입니다. 전국 신문인 동아일보와 중앙일보 같은 경우에는 전국적으로 넓은 독자층을 가지고 있어 다양한 분야의 비즈니스에 유용할 수 있습니다. 전국 신문을 통한 광고는 광범위한 도달 범위를 가지며 특히 대규모 비즈니스나 전국적인 서비스를 제공하는 기업에 적합합니다.

반면에 지역 신문은 특정 지역 또는 커뮤니티에 초점을 맞추고 있어 해당 지역 내에서 서비스나 제품을 제공하는 소규모 비즈니스에 더욱 유용합니다. 지역 신문을 통한 광고는 지역 커뮤니티 내에서의 인지도를 높이고, 지역 주민들과의 긴밀한 관계를 형성하는 데 도움이 될 수 있습니다.

따라서 비즈니스의 성격과 목표 도달 범위에 따라 전국 신문과 지역 신문 중 적합한 선택을 할 수 있습니다.

2. 잡지

잡지 광고는 특정 관심사나 취미를 가진 타겟 오디언스에게 매우 효과적입니다. 잡지는 특정 분야의 전문적인 내용을 다루기 때문에, 광고주는 자신의 제품이나 서비스와 관련된 타겟 그룹에게 직접 도달할 수 있습니다.

3. 라디오

라디오 광고는 운전 중이거나 일하는 동안 듣는 사람들에게 도달할 수 있어, 특히 모바일하고 바쁜 생활을 하는 사람들에게 효과적입니다. 또한 라디오 광고는 제작비용이 상대적으로 낮아서 많은 중소기업이 선호합니다.

4. TV

TV 광고는 매우 넓은 범위의 소비자에게 도달할 수 있는 강력한 매체 중 하나입니다. 시청자는 시각적이고 청각적인 요소를 통해 광고 메시지를 받아들이기 때문에 광고주는 창의적이고 감동적인 광고를 제작하여 큰 영향력을 발휘할 수 있습니다.

전통적인 매체의 주요 장점 중 하나는 신뢰성입니다. 많은 소비자는 오랜 역사를 가진 신문이나 TV와 같은 매체를 통해 제공되는 정보를 더 신뢰하는 경향이 있습니다. 그러나 이 매체들은 디지털 매체에 비해 비용이 많이 들고, 실시간 피드백을 얻기 어렵다는 단점도 있습니다. 따라서 광고주는 자신의 목표와 예산을 고려하여 가장 효과적인 매체를 선택해야 합니다.

디지털 매체

디지털 매체는 인터넷을 기반으로 하는 모든 종류의 매체를 말합니다. 이는 웹사이트, 소셜 미디어, 이메일, 모바일 앱, 검색 엔진 광고 등 다양한 형태로 나타납니다. 디지털 매체의 특징과 장점을 구체적으로 살펴보겠습니다.

1. 타겟팅과 맞춤화

디지털 매체의 큰 장점 중 하나는 정교한 타겟팅이 가능하다는 것입니다. 이용자의 검색 기록, 관심사, 지역, 나이 등 다양한 데이터를 기반으로 맞춤형 광고를 제공할 수 있습니다. 이를 통해 광고의 효율성을 극대화할 수 있습니다.

2. 상호작용성

디지털 매체는 이용자와의 상호작용이 가능합니다. 예를 들어, 소셜 미디어는 사용자가 콘텐츠에 댓글을 달거나 공유할 수 있어, 기업과 소비자 간의 쌍방향 소통이 이루어집니다. 이를 통해 고객의 피드백을 실시간으로 얻고, 고객 관계를 강화할 수 있습니다.

3. 측정 가능성

디지털 매체는 광고의 성과를 쉽게 측정할 수 있습니다. 웹사이트 방문자 수, 클릭률CTR, 전환율 등 다양한 지표를 통해 광고 캠페인의 효과를 분석하고, 필요한 경우 신속하게 전략을 조정할 수 있습니다.

4. 비용 효율성

디지털 매체는 전통적인 매체에 비해 상대적으로 비용이 적을 수 있습니다. 특히 소규모 비즈니스나 스타트업의 경우 제한된 예산으로도 효과적인 광고 캠페인을 운영할 수 있습니다.

5. 다양성과 접근성

인터넷의 발달로 디지털 매체는 언제 어디서나 접할 수 있습니다. 이는 기업이 전 세계적으로 고객에게 도달할 수 있는 기회를 제공합니다.

이처럼 디지털 매체는 현대 마케팅에서 중요한 역할을 하며, 비즈니스의 성장과 브랜드 인지도 향상에 기여합니다.

외부 광고

외부 광고Outdoor Advertising 또는 옥외 광고라고 불리는 이 광고 방식은 일상생활에서 흔히 볼 수 있는 광고 형태 중 하나입니다. 대표적으로 고정된 위치에 설치되어 대중의 눈에 띄는 광고판, 간판, 대형 전광판, 교통수단(버스, 지하철) 광고 등이 여기에 속합니다. 옥외 광고의 특징과 장점을 아래와 같이 정리해 보았습니다.

1. 높은 가시성

옥외 광고는 일상 속에서 자연스럽게 대중의 시선에 노출됩니다. 특히 교통량이 많은 도로변이나 사람들이 많이 모이는 장소에 설치된 광고는 높은 가시성을 자랑합니다.

2. 지속적인 노출

한 번 설치되면 특정 기간 계속해서 노출되기 때문에 지속적인 광고 효과를 기대할 수 있습니다. 이는 소비자의 기억에 광고 내용을 각인시키는 데 도움이 됩니다.

3. 광범위한 도달

옥외 광고는 특정 지역의 대중 또는 통행하는 사람들에게 광범위하게 도달할 수 있습니다. 대중교통을 이용하는 사람들, 자동차 운전자 및 보행자 등 다양한 대상에게 노출됩니다.

4. 브랜드 인지도 향상

크고 인상적인 옥외 광고는 브랜드의 이미지를 강화하고 인지도를 높이는 데 효과적입니다. 특히 대형 전광판이나 독창적인 디자인의 광고는 강한 인상을 남길 수 있습니다.

5. 타겟팅의 한계

옥외 광고는 특정 지역의 대중에게는 효과적일 수 있지만, 온라인 광고처럼 세밀한 타겟팅이 어렵다는 단점이 있습니다. 따라서 광고를 통해 특정 소비자 집단을 목표로 하는 경우 전략적으로 위치를 선정하는 것이 중요합니다.

옥외 광고는 그 특유의 가시성과 지속적인 노출을 통해 브랜드 인지도를 높이고, 광범위한 대중에게 메시지를 전달하는 데 유용한 마케팅 수단입니다. 다만 최근에는 디지털 매체의 발달로 온라인 광고가 주목받고 있지만, 옥외 광고 역시 중요한 역할을 하고 있습니다.

이벤트 마케팅

이벤트 마케팅Event Marketing은 특정 이벤트를 기획하고 실행하여 그 이벤트를 통해 브랜드나 제품, 서비스에 대한 관심을 유도하고 소비자와의 직접적인 상호작용을 통해 긍정적인 브랜드 이미지를 구축하려는 마케팅 전략입니다. 이벤트 마케팅의 핵심 요소와 장점을 아래와 같이 정리해 보았습니다.

1. 상호작용과 체험 제공

이벤트 마케팅의 가장 큰 특징은 소비자에게 직접적인 상호작용과 체험의 기회를 제공한다는 점입니다. 이를 통해 소비자는 브랜드나 제품을 보다 깊이 이해하고, 긍정적인 경험을 통해 브랜드에 대한 충성도를 높일 수 있습니다.

2. 타겟 오디언스와의 직접 소통

이벤트는 특정 타겟 오디언스를 정확히 설정하고 그들과 직접 소통할 수 있는 기회를 제공합니다. 이는 브랜드 메시지를 보다 효과적으로 전달하고, 소비자의 의견을 직접 듣는 데 유용합니다.

3. 브랜드 인지도 향상

성공적인 이벤트는 참가자들에게 강렬한 인상을 남기며, 소셜 미디어를 통한 입소문이나 언론의 보도를 통해 브랜드 인지도를 상당히 높일 수 있습니다.

4. 다양한 형태의 이벤트

이벤트 마케팅은 전시회, 세미나, 워크숍, 콘서트, 팝업 스토어, 온라인 웹 세미나 등 다양한 형태로 진행될 수 있습니다. 각 브랜드의 목표와 타겟 오디언스에 맞춰 적절한 이벤트 형태를 선택하는 것이 중요합니다.

5. 측정 가능한 결과

이벤트 마케팅은 참가자 수, 소셜 미디어 활동, 이벤트 후 설문 조사 등을 통해 효과를 측정할 수 있습니다. 이를 통해 브랜드는 향후 마케팅 전략을 더욱 효과적으로 수립할 수 있습니다.

이벤트 마케팅은 브랜드가 소비자와 직접적인 관계를 맺고 브랜드에 대한 긍정적인 인상을 심어주기 위한 강력한 도구입니다. 이벤트를 통해 소비자에게 잊지 못할 경험을 제공함으로써 브랜드 충성도를 높이고 장기적인 고객 관계를 구축할 수 있습니다.

각 광고 매체는 그만의 장단점을 가지고 있습니다. 따라서 제품의 특성, 타겟 소비자, 예산 등을 고려하여 가장 적합한 매체를 선택하는 것이 중요합니다. 이를 통해 효과적인 마케팅 전략을 구축할 수 있습니다. 또한 최근에는 여러 매체를 복합적으로 활용하는 크로스미디어 마케팅 전략도 많이 사용되고 있으니 참고하시기를 바랍니다.

효과적인 프로모션 전략

프로모션 전략은 단순히 제품이나 서비스를 알리는 것을 넘어서 고객과의 관계를 구축하고, 고객이 제품을 경험하게 만드는 과정입니다. 여기서 중요한 것은 고객의 마음을 사로잡는 창의적이고 기억에 남는 방법을 찾는 것입니다.

1. 고객의 관심을 끄는 이벤트 마케팅

고객의 관심을 끄는 이벤트 마케팅은 브랜드와 제품에 대한 인지도를 높이고 고객과 깊은 연결을 만들어내는 전략입니다. 이벤트를 통해 고객은 제품을 직접 체험하며 브랜드의 가치와 철학을 경험할 수 있습니다. 예를 들어 신제품 출시 이벤트는 소비자에게 제품을 소개하고 직접 사용해 볼 기회를 제공합니다. 이때 참여형 워크숍이나 제품 시연회 같은 활동은 참석자들에게 잊지 못할 경험을 선사합니다.

이벤트 마케팅은 SNS와 같은 온라인 플랫폼을 통해 더 넓은 대중에게 소식을 전파할 수 있는 장점이 있습니다. 참가자들이 이벤트의 사진이나 동영상을 자신의 소셜 미디어에 공유하면 브랜드의 가시성이 자연스럽게 증가합니다. 또한, 이벤트는 고객의 피드백을 직접 듣고, 제품이나 서비스를 개선할 소중한 기회를 제공합니다.

성공적인 이벤트 마케팅은 창의력과 고객의 니즈에 대한 깊은 이해가 필요합니다. 고객이 진정으로 관심을 가질 만한 의미 있고 기억에 남는 이벤트를 기획하는 것이 중요합니다. 이 과정에서 브랜드의 메시지와 가치를 일관되게 전달하면서 참여와 상호작용을 유도하는 것이 성공의 열쇠입니다.

2. 소셜 미디어를 활용한 홍보

기업이나 브랜드가 대중과 직접 소통하며 제품이나 서비스를 알리는 효과적인 방법입니다. 이는 페이스북, 인스타그램, 트위터와 같은 다양한 플랫폼을 통해 이루어집니다. 소셜 미디어는 정보의 전파 속도가 빠르고, 대규모의 청중에게 도달할 수 있는 장점을 가지고 있습니다.

소셜 미디어 홍보의 첫 단계는 목표 청중을 이해하고 그들이 주로 사용하는 플랫폼을 파악하는 것입니다. 이후, 콘텐츠는 공감을 유도하고 공유될 수 있는 가치를 가져야 합니다. 시각적 요소가 풍부한 게시물, 유익한 정보, 재미있는 콘텐츠 등은 높은 참여율을 끌어낼 수 있습니다.

또한, 해시태그와 같은 기능을 활용하여 더 넓은 청중에게 도달하고, 관련 토픽에 대한 대화에 참여할 수 있습니다. 소셜 미디어 캠페인은 이벤트, 할인, 신제품 출시 등 다양한 목적에 맞춰 진행될 수 있으며 이를 통해 브랜드 인지도를 높이고 고객과의 관계를 강화할 수 있습니다.

정기적인 소통과 피드백은 고객의 충성도를 높이는 핵심입니다. 소셜 미디어는 고객의 의견을 실시간으로 수집하고, 그에 따른 적절한 대응을 할 수 있는 플랫폼을 제공합니다. 소셜 미디어를 활용한 홍보는 비용 효율적이면서도 브랜드와 소비자 사이의 긍정적인 관계를 구축하는 데 중요한 역할을 합니다.

3. 인플루언서 마케팅

소셜 미디어나 다른 온라인 플랫폼에서 영향력을 가진 개인들을 활용하여 제품이나 서비스를 홍보하는 마케팅 전략입니다. 이 방식은 인플루언서가 가진 팔로워들의 신뢰와 관계를 기반으로 하여 브랜드의 메시지를 효과적으로 전달할 수 있습니다. 인플루언서 마케팅은 타겟 오디언스에게 자연스럽게 다가갈 수 있으며 전통적인 광고 방식보다 더 높은 관심과 참여를 끌어낼 수 있습니다. 또한 인플루언서와의 협업을 통해 브랜드 인지도를 높이고 특정 제품이나 서비스에 대한 긍정적인 인식을 쌓을 수 있습니다. 그러나 올바른 인플루언서 선택과 진정성 있는 콘텐츠 제작은 이 전략의 성공을 위해 매우 중요합니다.

4. 고객 참여를 유도하는 콘텐츠 마케팅

가치 있는 정보나 엔터테인먼트를 제공하여 대상 고객의 관심과 참여를 끌어내는 전략입니다. 이 방식은 단순히 제품을 홍보하는 것이 아니라 고객에게 실질적인 가치를 제공함으로써 브랜드에 대한 긍정적인 인식을 심어주고 장기적인 관계를 구축하는 데 중점을 둡니다. 콘텐츠 마케팅은 다양한 형태로 실행될 수 있으며 블로그 글, 비디오, 인포그래픽, 팟캐스트 등을 통해 고객과 소통할 수 있습니다. 이러한 콘텐츠는 고객의 문제를 해결하거나 궁금증을 해소하는 데 도움을 주어야 하며, 이 과정에서 자연스럽게 제품이나 서비스를 연결 지을 수 있습니다. 효과적인 콘텐츠 마케팅은 고객 참여를 높이고 브랜드 충성도를 증대시키며 최종적으로는 판매 증가로 이어질 수 있습니다.

5. 할인과 프로모션

제품이나 서비스의 매력을 높이고 잠재 고객의 관심을 유도하기 위해 가격 인하나 추가 혜택을 제공하는 마케팅 전략입니다. 이러한 방법은 단기적으로 판매량을 증가시키고 재고 관리에도 효과적입니다. 할인은 직접적으로 가격을 낮추는 것을 의미하며 프로모션은 사은품 제공, 포인트 적립, 무료 배송 등 다양한 형태로 고객에게 추가 가치를 제공합니다. 이 전략은 특히 신제품 출시, 특별 행사, 시즌 종료 등 특정 시기에 매우 유용합니다. 할인과 프로모션은 고객의 구매 결정을 촉진하고, 브랜드 인지도를 높이며, 고객 충성도를 강화할 수 있습니다. 그러나 잦은 할인이나 과도한 프로모션은 브랜드 가치를 저하할 수 있으므로 신중하게 계획하고 실행해야 합니다.

이처럼 효과적인 프로모션 전략은 고객의 관심을 끌고 제품에 대한 긍정적인 인식을 심어주며 장기적인 고객 관계를 구축하는데 중요합니다.

8장

●

효과적인 배포 채널 선택

효과적인 배포 채널 선택은 제품이나 서비스가 타겟 고객에게 효과적으로 도달하도록 하는 전략으로 제품의 타겟 고객을 정확히 파악하는 것이 첫 번째 단계입니다.

다양한 배포 옵션 중에서 제품의 특성과 타겟 고객의 필요에 가장 적합한 채널을 선택해야 하며, 마진, 비용, 접근성, 고객 서비스 등 여러 요소를 고려해야 합니다. 선택한 채널을 통해 제품이나 서비스의 가치를 극대화하고 고객 만족을 높일 수 있는 전략을 수립하는 것이 중요합니다.

또한 시장 변화에 유연하게 대응하기 위해 배포 채널 전략을 지속해서 검토하고 조정하는 것이 성공의 열쇠입니다.

유통 채널의 이해

우리가 흔히 상품을 구매할 때 거치는 여정을 뜻합니다. 쉽게 말해 제품이나 서비스가 공장에서 나와서 우리 손에 도착하기까지의 경로를 말하는 것입니다. 이 과정에는 여러 단계가 있을 수 있습니다. 예를 들어 제조업체에서 대리점으로, 대리점에서 소매점으로, 그리고 마지막으로 우리 소비자에게 오는 식입니다.

유통 채널에 대한 이해는 마치 우리에게 제품을 전달하는 연결고리를 이해하는 것과 비슷합니다. 이 연결고리는 단순히 제품을 전달하는 역할만 수행하는 것이 아니라 소비자의 요구와 피드백을 제조업체까지 전달하는 중요한 기능을 합니다. 이러한 양방향 소통을 통해, 제품은 점차 소비자의 취향과 필요에 더 잘 맞도록 발전하게 됩니다.

그럼 유통 채널을 관리하는 것이 왜 중요할까요?

1. 기술의 활용

최신 기술을 이용해 고객 경험을 향상하고, 효율적인 서비스를 제공할 수 있습니다. 예를 들어 챗봇을 통한 실시간 고객 상담이나, 빅 데이터를 이용한 맞춤형 마케팅이 있습니다.

2. 옴니채널 전략

이는 온라인과 오프라인을 아우르는 통합된 쇼핑 경험을 제공하는 것을 말합니다. 고객이 어디서든지 일관된 서비스와 정보를 받을 수 있게 하는 것입니다.

3. 지속 가능성

환경을 보호하고 사회적 책임을 다하는 브랜드를 선호하는 소비자가 늘고 있습니다. 친환경 포장재 사용이나 지역 사회와의 협력 등이 있습니다.

4. 유연성과 민첩성

시장과 기술은 항상 변화하고 있습니다. 이에 빠르게 대응하고, 필요에 따라 전략을 조정할 수 있는 능력이 중요합니다.

5. 지속적인 학습과 혁신

시장의 트렌드를 계속 연구하고, 새로운 기술과 전략을 실험하는 것이 중요합니다. 이를 통해 브랜드는 지속적인 성장을 이룰 수 있습니다.

이렇게 유통 채널을 이해하고 관리하는 것은 제품이나 서비스를 더 효과적으로 소비자에게 전달하는 방법을 찾는 것과 같습니다. 이 과정에서 브랜드는 고객의 요구를 더 잘 이해하고 더 나은 서비스를 제공할 수 있게 됩니다. 그리고 이 모든 것이 결국에는 브랜드의 가치를 높이고, 우리의 삶을 더 풍요롭게 만드는 데 기여합니다.

유통 채널을 통한 이러한 긍정적인 상호작용은 고객 만족도를 높이고 장기적으로는 브랜드 충성도를 쌓아가는 데 중요합니다. 결국 유통 채널의 효과적인 관리와 혁신은 브랜드가 시장에서 지속 가능한 성장을 이루고, 변화하는 소비자의 니즈에 능동적으로 대응할 수 있는 열쇠가 됩니다.

온라인과 오프라인 유통 채널의 차이

마케팅을 공부하거나 관련 업무에 종사하는 분들에게는 현대 시장에서 온라인과 오프라인 유통 채널의 차이점을 명확히 이해하는 것이 매우 중요한 일입니다. 이 두 유통 채널은 각각 독특한 특성과 장단점을 가지고 있으며 이를 잘 파악하고 활용하는 것이 성공적인 마케팅 전략을 수립하는 데 큰 도움이 됩니다. 온라인 유통 채널은 인터넷을 통해 상품이나 서비스를 판매하는 모든 활동을 포함하며 이에 반해 오프라인 유통 채널은 실제 물리적 공간에서 이루어지는 모든 판매 활동을 의미합니다.

온라인 유통 채널의 가장 큰 장점은 언제 어디서나 쇼핑할 수 있다는 접근성과 편리성에 있습니다. 이는 바쁜 현대인들에게 매우 매력적인 요소로 상품에 대한 광범위한 정보와 다양한 사용자 리뷰를 통해 정보에 기반한 구매 결정을 가능하게 합니다. 또한, 온라인 쇼핑은 상대적으로 낮은 운영비용 덕분에 소비자에게 더 낮은 가격으로 상품을 제공할 수 있다는 장점을 가지고 있습니다.

반면 오프라인 유통 채널은 상품을 직접 보고, 만지고, 시험해 볼 수 있다는 점에서 큰 매력을 갖습니다. 이는 온라인에서는 경험할 수 없는 직접적인 체험과 인간적인 상호작용을 가능하게 하며, 즉각적인 구매와 직원의 도움을 받을 수 있다는 점에서 오프라인 쇼핑의 이점이 됩니다. 상품을 바로 구매하고 가져갈 수 있다는 점도 많은 소비자들에게 중요합니다.

그럼에도 최근에는 온라인과 오프라인 유통 채널 간의 경계가 점점 모호해지고 있으며 많은 기업이 두 채널을 융합한 옴니채널 전략을 도입하고 있습니다. 이는 소비자들에게 더 풍부하고 다채로운 쇼핑 경험을 제공하기 위함으로 온라인으로 주문한 후 오프라인에서 픽업하거나, 오프라인에서 상품을 체험한 후 온라인으로 구매하는 등의 다양한 방식이 포함됩니다.

이에 따라 마케팅 전략을 수립할 때 온라인과 오프라인의 조화는 기업에 중요한 과제가 되었습니다. 온라인의 편리함과 정보 접근성, 그리고 오프라인의 직접적인 체험과 인간적인 상호작용 사이의 균형을 찾는 것이 핵심이며 이를 통해 기업은 소비자 만족도를 높이고 브랜드 충성도를 강화할 수 있습니다.

디지털 시대에 소비자들은 다양한 채널을 통한 최적의 쇼핑 경험을 추구합니다. 기업들은 이러한 변화에 대응하기 위해 새로운 기술 도입과 채널 간 연결, 개인화된 마케팅 전략을 실행해야 합니다. 이 과정은 소비자 만족도를 높이고 기업 경쟁력을 강화하는 핵심 요소가 됩니다.

예를 들어 인공지능AI, 빅데이터, 사물인터넷IoT 등의 기술을 활용하여 소비자의 쇼핑 습관과 선호도를 분석하고, 이를 바탕으로 소비자에게 맞춤형 상품을 추천하는 등의 개인화된 마케팅이 가능해졌습니다. 이와 같은 기술의 발전은 온라인과 오프라인 채널을 더욱 효과적으로 결합할 기회를 제공하며 이는 최종적으로 소비자에게 더욱 만족스러운 쇼핑 경험을 선사할 것입니다.

마지막으로 온라인과 오프라인 유통 채널의 통합은 단순히 두 채널을 연결하는 것을 넘어서 브랜드의 일관된 메시지와 가치를 모든 접점에서 전달하는 것을 의미합니다. 이를 통해 소비자들은 브랜드와의 일관된 상호작용을 경험하게 되며, 이는 브랜드에 대한 신뢰와 충성도를 높이는 데 기여합니다.

PART 6

마케팅 불변의 법칙

9장

마케팅의 핵심 원칙들

고객의 니즈와 욕구를 정확히 파악하는 것입니다. 이를 바탕으로 고객에게 가치를 제공하며 그들의 문제를 해결해 주는 제품이나 서비스를 개발하는 것이 중요합니다.

또한 고객과의 지속적인 소통을 통해 신뢰를 구축하고, 브랜드에 대한 충성도를 높이는 것이 필요합니다.

이 모든 과정에서 차별화된 마케팅 전략을 세워 경쟁사 대비 우위를 확보하는 것도 마케팅의 중요한 원칙입니다.

마케팅의 기본 원칙 이해

마케팅의 세계에서는 고객의 요구와 필요가 핵심입니다. 이를 이해하기 위해 우리가 가장 먼저 해야 할 일은 고객이 현재 어떤 욕구를 가지고 있으며 어떤 문제에 직면해 있는지를 세밀하게 파악하는 것입니다. 이러한 정보는 우리가 고객의 요구를 충족시키고 문제를 해결할 수 있는 제품이나 서비스를 설계하는 데 필수적인 기초가 됩니다.

그러나 우수한 제품을 개발하는 것만으로는 충분하지 않습니다. 고객과 꾸준한 소통을 통해 그들로 하여금 우리의 제품이나 서비스에 대한 신뢰를 갖게 하고, 장기간 그들을 충성고객으로 만드는 전략이 필수적입니다. 이 과정에서 고객과의 신뢰를 바탕으로 한 강력한 관계를 형성할 수 있으며 이는 브랜드의 성공에 결정적인 역할을 합니다.

그뿐만 아니라 시장에서 우리의 제품이나 서비스를 차별화시키기 위해서는 경쟁사 대비 우리 제품의 독특한 가치를 명확히 하고, 이를 고객에게 효과적으로 전달하는 전략이 중요합니다. 이는 고객으로 하여금 우리 제품을 선택할 명확한 이유를 제공하며, 경쟁이 치열한 시장에서 우리 제품의 위치를 확고히 하는 데 기여합니다.

결국 마케팅의 핵심은 고객의 필요를 정확히 파악하고 이를 충족시키는 제품을 개발하는 것, 고객과의 신뢰를 기반으로 한 관계를 구축하는 것, 그리고 우리의 제품이나 서비스를 시장에서 돋보이게 하는 차별화된 전략을 세우는 것입니다. 이 세 가지 원칙을 잘 이해하고 실행에 옮긴다면, 마케팅에서의 성공은 시간문제일 것입니다.

4P 마케팅 믹스

4P는 제품Product, 가격Price, 촉진Promotion, 그리고 유통Place을 의미하는데, 이 네 가지 요소는 마케팅 전략을 세울 때 꼭 고려해야 하는 핵심적인 부분입니다.

1. 제품

시장에서 소비자의 요구나 욕구를 충족시키기 위해 제공되는 상품이나 서비스를 의미합니다. 고객의 기대를 만족시키기 위해 제품은 뛰어난 품질, 다양한 기능, 신뢰할 수 있는 내구성을 갖추어야 합니다. 제품 개발은 시장 조사와 고객의 피드백을 바탕으로 이루어져 지속적인 개선과 혁신을 통해 경쟁력을 유지합니다. 제품은 단순한 물리적 상품뿐만 아니라 서비스, 정보, 체험 등 광범위한 형태로 존재할 수 있습니다. 마케팅 전략에서 제품의 포지셔닝과 브랜딩은 소비자의 인식과 선택에 결정적인 영향을 미칩니다. 따라서 제품은 시장에서 성공하기 위한 기업의 핵심 자산이자 고객과의 관계를 형성하는 기본적인 매개체로 작용합니다.

2. 가격

제품이나 서비스의 가치를 수치화한 것으로 소비자가 제품을 구매하기 위해 지불해야 하는 금액을 의미합니다. 가격 설정은 기업의 수익성과 시장 경쟁력에 직접적인 영향을 미치므로 매우 중요한 과정입니다. 이 과정에서는 제품의 생산 비용, 타겟 고객의 구매력, 경쟁 상품의 가격 등 다양한 요소를 고려해야 합니다. 적절한 가격 책정은 소비자에게 제품의 가치를 합리적으로 전달하고, 기업에는 충분한 이익을 보장하는 균형점을 찾는 일입니다. 또한 가격 전략은 프로모션, 할인, 가격 차별화 등 다양한 방식으로 구현될 수 있으며 이는 시장 상황과 기업 목표에 따라 유연하게 조정됩니다. 가격은 고객의 구매 결정에 큰 영향을 미치기 때문에, 기업은 가격을 통해 제품의 포지셔닝과 브랜드 이미지를 관리하는 전략적 도구로 활용합니다.

3. 촉진

제품이나 서비스를 대상 시장에 알리고 구매를 유도하는 다양한 커뮤니케이션 활동을 포함합니다. 이 활동은 광고, 세일즈 프로모션, PR, 직접 마케팅, 디지털 마케팅 등 여러 형태로 이루어집니다. 목적은 제품 인지도와 브랜드 이미지를 높이며 소비자 구매 결정에 영향을 미치는 것입니다. 효과적인 촉진 전략은 타겟 고객의 행동과 선호도, 소비 트렌드를 분석해 적절한 메시지를 전달하는 데 중점을 둡니다. 디지털 시대의 새로운 촉진 수단으로는 SNS 마케팅과 인플루언서 마케팅이 있으며 이는 소비자와의 직접적인 상호작용을 가능하게 합니다. 촉진 활동은 기업과 소비자 사이의 신뢰 구축과 장기적인 관계 발전의 기반을 마련하며 제품의 시장 성공에 필수적인 역할을 합니다.

4. 유통

제품이나 서비스가 제조사로부터 최종 소비자에게 도달하는 전 과정을 의미합니다. 이 과정에서 제품 배치와 고객 전달 방식의 결정이 중요합니다. 유통 전략은 온라인 판매, 오프라인 매장 판매 또는 두 가지를 결합한 형태로 다양하게 구현될 수 있습니다. 디지털 기술의 발전으로 온라인 채널이 중요해졌으나 일부 제품이나 서비스는 오프라인 경험을 통해 더 큰 가치를 제공할 수 있습니다. 유통 채널 선정 시 제품을 적시에, 효율적으로, 최소 비용으로 전달할 방법이 고려되어야 합니다. 이는 물류, 재고 관리, 배송 시스템 등 복잡한 과정을 포함하며 타겟 시장의 특성과 소비자 구매 습관, 경쟁사 유통 방식 등을 고려해야 합니다. 적절한 유통 전략은 시장에서의 제품이나 서비스 성공의 필수 요소입니다.

이 네 가지 P를 잘 조합하고 실행한다면, 마케팅 전략은 훨씬 더 효과적으로 될 것입니다. 하지만 시장과 고객의 니즈는 시시각각 변하기 때문에 항상 주의 깊게 관찰하고, 필요하다면 4P 전략을 유연하게 조정할 준비가 되어 있어야 합니다.

원칙을 적용한 성공 사례 분석

마케팅에서의 '원칙을 적용한 성공 사례'에 대해 알아보겠습니다.

'촉진Promotion'의 원칙을 효과적으로 적용한 유명한 사례로는 '나이키Nike'를 들 수 있습니다.

나이키는 자신들의 브랜드를 단순한 스포츠용품 제조업체가 아닌 모험과 도전, 승리를 추구하는 모든 사람의 동반자로 포지셔닝하는 데 성공했습니다. 이들의 전략은 크게 몇 가지 주요 요소로 나눌 수 있습니다.

1. 강력한 슬로건 : "Just Do It"

1988년에 시작된 "Just Do It" 캠페인은 단순하지만, 강력한 메시지로 사람들의 마음속에 깊이 자리 잡았습니다. 이 슬로건은 나이키가 단순히 운동화를 파는 회사가 아니라 사람들이 자신의 꿈과 목표를 향해 나아가도록 독려하는 브랜드임을 상징합니다. 이 슬로건은 나이키 제품의 광고는 물론 티셔츠, 모자 등 다양한 상품에도 사용되며 브랜드 아이덴티티를 강화했습니다.

2. 유명 스포츠 스타와의 협업

나이키는 마이클 조던, 르브론 제임스, 크리스티아누 호날두와 같은 세계적인 스포츠 스타들과 협업하여 제품을 홍보했습니다. 이러한 스타들은 단순히 나이키 제품을 착용하는 것을 넘어 브랜드의 가치와 정신을 전달하는 역할을 했습니다. 특히 마이클 조던과의 협업으로 탄생한 '에어 조던Air Jordan' 시리즈는 스포츠화 시장에 혁명을 일으키며 큰 성공을 거두었습니다.

3. 창의적인 광고 캠페인

나이키는 독창적이고 감각적인 광고로 유명합니다. 이들의 광고는 단순히 제품을 보여주는 것을 넘어, 스토리텔링을 통해 소비자와 감정적으로 연결됩니다. 예를 들어 여성 스포츠의 지지, 도전적인 정신을 강조하는 캠페인 등은 사회적 메시지를 전달하며 소비자의 공감을 얻었습니다.

4. 소셜 미디어와 디지털 마케팅

나이키는 소셜 미디어와 디지털 마케팅을 적극 활용하여 젊은 세대와의 소통을 강화했습니다. 인스타그램, 트위터, 유튜브 등 다양한 플랫폼에서 활발한 활동을 통해 브랜드의 가치를 전파하고 소비자와의 상호작용을 통해 충성도 높은 커뮤니티를 구축했습니다.

이처럼 나이키는 '촉진' 전략을 다각도로 활용하여 자신들의 브랜드 가치를 전 세계에 강력하게 알렸습니다. 나이키의 성공은 단순히 우수한 제품의 품질만이 아닌, 브랜드 스토리와 철학을 소비자에게 효과적으로 전달한 결과입니다. 소비자가 나이키 제품을 구매할 때, 그들은 단순히 운동화나 의류를 구매하는 것이 아니라 'Just Do It'이라는 메시지와 그 메시지가 내포하는 도전적이고 진취적인 생활 방식을 함께 구매하는 것입니다.

이러한 전략은 나이키를 단순한 스포츠 브랜드를 넘어 사람들의 삶의 방식을 변화시키는 브랜드로 자리매김하게 했습니다. 나이키의 사례는 다른 기업들에도 중요한 교훈을 제공합니다. 제품의 품질과 혁신은 기본이지만, 소비자의 감성에 호소하고 브랜드가 추구하는 가치와 철학을 일관되게 전달하는 것이 브랜드 성공의 핵심임을 보여주고 있습니다. 나이키의 '촉진' 전략은 브랜딩과 마케팅 분야에서 계속해서 연구되고 벤치마킹 되는 중요한 사례로 남을 것입니다.

 '유통Place'의 원칙을 잘 적용한 예로는 '아마존Amazon'이 있습니다.

아마존은 단순한 온라인책 판매점으로 시작했지만, 이후 다양한 제품과 서비스를 제공하는 세계 최대의 온라인 소매업체로 성장했습니다. 아마존의 성공 뒤에는 유통 전략의 혁신이 크게 기여했습니다.

첫째, 아마존은 고객 접근성을 극대화했습니다. 아마존의 웹사이트는 언제 어디서나 쉽게 접근할 수 있게 설계되어 있으며 사용자 친화적인 인터페이스를 제공하여 소비자가 원하는 상품을 손쉽게 찾고 구매할 수 있도록 했습니다. 또한 모바일 앱을 통해서도 편리하게 쇼핑할 수 있게 하여, 소비자가 시간과 장소에 구애받지 않고 쇼핑을 즐길 수 있도록 했습니다.

둘째, 아마존은 물류 및 배송 시스템을 혁신하여 유통 효율성을 대폭 향상했습니다. 아마존은 자체 물류 센터를 전 세계 주요 지역에 구축하여 제품을 더욱 신속하게 배송할 수 있는 기반을 마련했습니다. 특히 아마존 프라임 서비스를 통해 제공하는 당일 배송, 익일 배송 서비스는 소비자의 만족도를 높이는 중요한 요소가 되었습니다. 이러한 빠르고 효율적인 배송 서비스는 아마존이 경쟁사들과 차별화되는 핵심적인 경쟁력 중 하나입니다.

셋째, 아마존은 다양한 유통 채널을 통해 제품과 서비스를 제공합니다. 아마존은 자체 온라인 플랫폼을 넘어서 아마존 마켓플레이스를 통해 제3자 판매자들이 자신의 제품을 판매할 기회를 제공합니다. 이를 통해 아마존은 더욱 다양한 상품과 서비스를 소비자에게 제공할 수 있게 되었습니다. 또한 아마존은 Whole Foods Market 인수를 통해 오프라인 유통 채널에도 진출하여 유통의 영역을 확장했습니다.

이처럼 아마존은 고객 접근성의 극대화, 물류 및 배송 시스템의 혁신, 다양한 유통 채널의 활용을 통해 유통의 원칙을 성공적으로 적용하였고 이를 통해 소비자에게 더 나은 쇼핑 경험을 제공하며 글로벌 시장에서의 리더십을 확고히 하는 데 기여하였습니다.

이런 사례들을 통해 우리가 배울 수 있는 것은 마케팅 원칙들을 단순히 알고 있는 것을 넘어 이를 창의적으로 적용하고 실행하는 것이 중요하다는 점입니다. '촉진'이나 '유통'과 같은 마케팅의 4P(제품, 가격, 촉진, 유통)는 모두 서로 연결되어 있으며, 이들을 조화롭게 사용할 때 비로소 시장에서의 성공을 끌어낼 수 있습니다.

이러한 원칙을 일상의 다양한 상황에 적용해 보세요. 개인이나 소규모 사업에서도 마케팅 원칙을 활용하여 목표 달성에 도움을 받을 수 있습니다.

10장

변하지 않는 마케팅의 교훈

마케팅의 세계는 끊임없이 변화하지만 몇 가지 변하지 않는 교훈이 있습니다.

첫째, 고객의 니즈를 깊이 이해하고 이를 충족시키는 것이 성공의 핵심입니다.
둘째, 명확하고 일관된 브랜드 메시지를 전달하는 것이 브랜드 신뢰를 구축하는 데 중요합니다.
셋째, 진정성과 투명성은 고객과의 관계를 강화하는 데 필수적입니다.
넷째, 유연성을 갖고 시장 변화에 빠르게 적응하는 기업만이 생존하고 성장합니다.
다섯째, 지속적인 혁신과 개선을 통해 경쟁 우위를 유지해야 합니다.

이 교훈들은 시간이 흘러도 마케팅 전략을 수립할 때 항상 기억해야 할 원칙입니다.

시대를 초월한 마케팅 전략

이것은 마치 영원히 변치 않는 진리와도 같습니다. 마케팅의 세계는 빠르게 변화하고 새로운 기술과 트렌드가 계속해서 등장하지만, 성공적인 마케팅의 핵심 원칙은 시대를 넘어서도 여전히 유효합니다.

첫 번째로 '고객을 이해하는 것'이 바로 그 시작점입니다. 고객이 무엇을 원하는지, 그들의 문제점은 무엇인지 깊이 파악하는 것이 중요합니다. 이를 위해서는 직접적인 소통뿐만 아니라, 고객의 행동을 관찰하고 분석하는 등 다양한 방법을 활용해야 합니다.

이 원칙을 잘 적용한 대표적인 사례로는 '스타벅스Starbucks'가 있습니다.

스타벅스는 단순히 커피를 판매하는 것이 아니라, '제3의 공간'이라는 개념을 통해 고객에게 가치를 제공합니다. 제3의 공간이란 집(제1의 공간)과 일터(제2의 공간) 외의 공간으로, 사람들이 편안하게 모여 대화하고, 일하고, 휴식을 취할 수 있는 곳을 의미합니다. 스타벅스는 고객이 원하는 것이 단지 커피만이 아니라 편안하고 친근한 분위기에서 커피를 즐기고자 하는 경험이라는 것을 깊이 이해하고 있습니다.

이를 실현하기 위해 스타벅스는 매장 디자인에 많은 신경을 씁니다. 편안한 의자와 테이블, 무료 Wi-Fi 제공, 콘센트 배치 등을 통해 고객이 머무르고 싶은 공간을 창출합니다. 또한 바리스타와의 소통을 중요시하여 고객이 원하는 대로 커스터마이징된 커피를 제공하고 때로는 고객의 이름을 부르며 친근감을 높입니다.

스타벅스는 또한 고객의 피드백을 적극적으로 수집하고 이를 바탕으로 서비스를 개선합니다. 예를 들어 고객의 의견을 반영해 모바일 앱을 통한 주문 및 결제 시스템을 도입하였고 이는 대기 시간을 줄이고 고객의 편의성을 증대시키는 결과를 가져왔습니다.

이처럼 스타벅스는 고객이 진정으로 원하는 것이 무엇인지 깊이 이해하고 그에 맞춰 서비스를 제공함으로써 전 세계적으로 사랑받는 브랜드가 되었습니다. 이 사례는 고객을 이해하는 것이 마케팅의 근본이자 성공적인 비즈니스를 위한 핵심임을 잘 보여 줍니다.

두 번째는 '브랜드의 일관성'입니다. 브랜드 메시지와 가치를 명확하게 전달하고, 이를 일관되게 유지하는 것이 중요합니다. 이는 고객이 브랜드를 신뢰하고, 장기적인 관계를 구축하는 데 기여합니다.

이를 잘 실행한 사례로 '애플Apple'을 들 수 있습니다.

애플은 제품 디자인, 사용자 경험, 광고, 매장 분위기에 이르기까지 모든 접점에서 일관된 브랜드 이미지를 유지하고 있습니다. 애플의 제품은 심플하고 현대적인 디자인이 특징이며 이는 소프트웨어의 사용자 인터페이스부터 제품 포장, 심지어 매장 디자인에 이르기까지 일관되게 적용됩니다.

애플의 제품은 사용하기 쉽고 직관적인 사용자 경험을 제공함으로써 사용자가 제품을 처음 접했을 때부터 쉽게 사용할 수 있도록 합니다. 이러한 점은 애플 제품의 사용자 매뉴얼이 거의 필요 없을 정도로 간단하다는 사실에서도 드러납니다.

또한 애플은 광고와 마케팅에서도 일관된 메시지를 전달합니다. 애플의 광고는 제품의 기능을 단순하고 명확하게 전달하며 이는 고객이 애플 브랜드를 쉽게 인식하고 기억할 수 있게 합니다. 애플 광고에서는 종종 제품이 아닌 사용자 경험에 초점을 맞추는데, 이는 애플이 제품 자체보다는 그 제품을 사용함으로써 얻을 수 있는 경험과 감정을 중시한다는 브랜드의 철학을 반영합니다.

애플 매장 또한 이러한 일관성을 잘 보여주는 예입니다. 전 세계 어디서든 애플 매장을 방문하면 비슷한 인테리어 디자인과 제품 전시 방식을 볼 수 있습니다. 이는 고객이 어느 지역의 매장을 방문하더라도 동일한 쇼핑 경험을 할 수 있게 합니다.

이처럼 애플은 브랜드의 모든 측면에서 일관성을 유지함으로써 세계적으로 강력한 브랜드 아이덴티티를 구축하고 고객의 신뢰를 얻었습니다. 브랜드의 일관성은 고객에게 신뢰감을 줄 뿐만 아니라 브랜드의 가치를 장기적으로 증대시키는 데 핵심적인 역할을 합니다.

세 번째로 '진정성'입니다. 고객은 광고나 마케팅 메시지보다는 진정성을 더 높이 평가합니다. 자신의 브랜드와 제품에 대한 진실한 이야기를 공유하고 고객과의 진정한 관계를 구축하는 것이 중요합니다.

이를 잘 실행한 사례로 '에어비앤비Airbnb'를 들 수 있습니다.

에어비앤비는 숙박 공유 서비스를 제공하는 플랫폼으로 전 세계 여행자들에게 집처럼 편안한 숙소를 제공하며 지역 문화를 경험할 기회를 제공합니다. 이 회사는 '어디서든 소속감을 느낄 수 있는 세상을 만든다Belong Anywhere'라는 슬로건 아래 모든 사람이 어디에서든 집과 같은 안락함을 느낄 수 있는 세계를 만들겠다는 비전을 추구합니다.

에어비앤비의 진정성은 여러 방면에서 나타납니다.

1. 이들은 숙소 호스트와 여행자 사이의 개인적인 연결을 중시합니다. 에어비앤비 플랫폼은 사용자들이 서로의 이야기를 공유하고 호스트가 자신의 공간을 통해 여행자에게 집과 같은 경험을 제공할 수 있도록 돕습니다. 이러한 접근 방식은 숙박 경험에 개인적이고 인간적인 요소를 더함으로써 단순한 거래를 넘어서는 깊은 인간적 연결을 만들어냅니다.

2. 에어비앤비는 지역 사회에 대한 책임을 중요하게 여깁니다. 회사는 지역 경제에 긍정적인 영향을 미치고, 여행이 지역 사회에 부담이 되지 않도록 하는 다양한 정책과 프로그램을 시행합니다. 예를 들어 에어비앤비는 지역 사회와 협력하여 관광으로 인한 부정적 영향을 최소화하고 지속 가능한 관광을 촉진하기

위해 노력합니다.

3. 에어비앤비는 다양성과 포용성을 강조합니다. 다양한 배경을 가진 사람들이 서로를 이해하고 존중할 수 있는 환경을 조성하기 위해 노력하며 모든 사용자가 차별 없이 서비스를 이용할 수 있도록 하는 정책을 시행합니다.

이러한 노력을 통해 에어비앤비는 단순히 숙박 서비스를 제공하는 것을 넘어 사람들이 서로 연결되고 소속감을 느낄 수 있는 글로벌 커뮤니티를 만들어가고 있습니다. 이는 에어비앤비가 자신들의 가치와 미션에 대해 진정성 있게 행동함으로써 소비자와의 신뢰와 충성도를 높이고, 긍정적인 브랜드 이미지를 구축하는 방법입니다.

네 번째는 '적응성'입니다. 시장과 기술의 변화에 유연하게 대응하고 필요하다면 전략을 빠르게 조정할 수 있는 능력이 중요합니다. 이를 통해 변화하는 환경 속에서도 기업이 생존하고 성장할 수 있습니다.

대표적인 예로 '넷플릭스Netflix'를 들 수 있습니다. 넷플릭스는 단순히 비디오 대여 서비스로 시작했으나 시대와 기술의 변화에 빠르게 적응하며 세계 최대의 온라인 스트리밍 서비스로 성장했습니다.

1. 디지털 전환입니다. 넷플릭스는 1997년 DVD 대여 서비스로 시작했지만, 2007년 인터넷 스트리밍 서비스로 사업 모델을 전환했습니다. 이는 디지털 기술의 발전과 소비자의 시청 습관 변화를 정확히 파악하고 시대의 흐름에 맞춰 기업의 방향을 전환한 대표적인 예입니다.

2 오리지널 콘텐츠 제작으로의 확장입니다. 초기에는 다른 제작사의 영화나 드라마를 스트리밍하는 데 집중했던 넷플릭스는 2013년 자체 제작 오리지널 시리즈 '하우스 오브 카드House of Cards'를 시작으로 본격적인 콘텐츠 제작사로 변모했습니다. 이러한 전략은 넷플릭스가 단순히 콘텐츠를 유통하는 플랫폼을 넘어 고품질의 독점 콘텐츠를 제공하는 콘텐츠 제작자로서의 입지를 강화하는 결과를 가져왔습니다.

3. 글로벌 시장으로의 확장입니다. 넷플릭스는 미국 내 시장을 넘어 전 세계로 서비스를 확장했으며 다양한 언어와 문화를 반영한 로컬 콘텐츠를 제작, 제공함으로써 글로벌 시청자들의 니즈에 부응했습니다. 이는 넷플릭스가 세계 각국의 문화적 다양성을

인정하고 각 지역 시청자의 관심과 취향을 충족시키기 위한 노력의 일환이었습니다.

이처럼 넷플릭스는 변화하는 시장 환경과 소비자의 요구에 민감하게 반응하며 지속해서 자신들의 사업 모델을 혁신하고 적응해 왔습니다. 이러한 '적응성'은 넷플릭스가 지속해서 성장하고 업계를 선도할 수 있는 주요 원동력이 되었습니다.

마지막으로, '혁신'입니다. 경쟁에서 앞서기 위해서는 지속적인 혁신이 필요합니다. 새로운 아이디어와 기술을 적극적으로 수용하고, 이를 통해 고객에게 새로운 가치를 제공해야 합니다.

혁신을 통해 경쟁에서 앞서 나가는 대표적인 기업 사례로 '아마존'을 들 수 있습니다. 아마존은 온라인 쇼핑몰로 시작하여 지속적인 혁신을 통해 클라우드 컴퓨팅, 인공지능, 물류 자동화 등 다양한 분야로 사업 영역을 확장해 나갔습니다.

1. **아마존은 고객 경험 혁신에 중점을 두고 있습니다.** 예를 들어 '아마존 프라임' 서비스는 무료 배송, 익일 배송, 스트리밍 서비스 등을 제공하며 고객의 편의성을 대폭 향상했습니다. 이는 고객 충성도를 높이고, 다른 경쟁사와의 차별화된 가치를 제공했습

니다.

2. 기술 혁신의 사례로는 '아마존 웹 서비스$_{AWS}$'를 들 수 있습니다. 아마존은 초기에 자신들의 온라인 쇼핑몰을 지원하기 위한 인프라로 클라우드 서비스를 개발했습니다. 이후, 이를 기업용 서비스로 확장하여 제공하기 시작했고 현재 AWS는 전 세계 클라우드 컴퓨팅 시장에서 선두 주자로 자리 잡고 있습니다. AWS는 다양한 기업에 유연성, 비용 절감, 확장성 등의 이점을 제공하며, 아마존의 중요한 수익원 중 하나가 되었습니다.

3. 아마존은 물류와 배송 과정에서도 혁신을 이루었습니다. '아마존 로보틱스'는 창고 내에서 상품을 자동으로 분류하고 운반하는 로봇 기술을 개발했습니다. 이를 통해 배송 시간을 단축하고, 물류 센터의 효율성을 향상했습니다. 또한 드론 배송 서비스인 '아마존 프라임 에어'를 통해 미래의 배송 방식에 대한 혁신적인 비전을 제시하고 있습니다.

이와 같이 아마존은 다양한 분야에서 지속적인 혁신을 통해 새로운 가치를 창출하고, 고객에게 새로운 경험을 제공함으로써 경쟁사와의 차별화를 이루고 있습니다. 아마존의 사례는 혁신이 기업의 성장과 지속 가능한 경쟁력 확보에 얼마나 중요한지를 잘 보여주고 있습니다.

이러한 원칙들은 어떤 시대에서든 마케팅 전략을 수립할 때 반드시 고려해야 할 핵심 요소들입니다. 물론, 각 시대의 특성과 새로운 기술을 고려한 창의적인 접근도 중요하지만, 이 시대를 초월한 기본 원칙들을 잊지 않는 것이 성공적인 마케팅의 비결이라 할 수 있습니다.

지속 가능성을 위한 마케팅 전략

지속 가능성을 위한 마케팅 전략을 쉽게 설명하자면 이는 사실 우리 일상과 밀접한 연결이 있습니다. 요즘 사람들이 단순히 제품을 구매하는 것을 넘어 그 제품이 어떻게 만들어지고, 판매되며, 환경에 어떤 영향을 미치는지에 대해 많이 생각하게 되었습니다. 따라서 기업들도 이러한 소비자들의 변화에 맞춰 지속 가능한 방식으로 마케팅을 해야 합니다.

첫째, '투명성'을 강화해야 합니다. 소비자들은 제품의 원산지, 제조 과정, 환경에 미치는 영향 등을 알고 싶어합니다. 파타고니아Patagonia는 투명성을 마케팅과 브랜드 관리의 핵심 전략으로 삼아 모범적인 사례를 제시합니다. 이 회사는 공급망 공개를 통해 제품의 원재료부터 생산 조건까지 상세히 소비자에게 알립니다. 또한, 제품 제조 과정에서 발생하는 환경적 영향과 탄소 발자국을 측정하여 공개함으로써 환경 보호에 대한 자신들의 진지한 노력을 드러냅니다. 이런 정보 제공은 소비자가 구매 결정 시 환경적 측면을 고려할 수 있도록 돕습니다. 파타고니아는 재활용할 수 있는 소재 사용, 탄소 중립 목표 설정, 환경 보호 기부 등 지속 가능한 이니셔티브를 소개하며 지속 가능한 패션 산업을 선도합니다. 이러한 행위들은 소비자가 브랜드 구매를 통해 환경 보호에 기여하는 것으로 인식하게 하여 파타고니아와 소비자 간의 신뢰를 강화하고 브랜드 가치를 높이는 데 기여합니다.

둘째, '지속 가능한 제품 개발'에 집중해야 합니다. 신발 브랜드 '알도'는 이러한 지속 가능성에 중점을 둔 사례로 지속 가능한 재료 사용을 통해 제품을 제작합니다. 이는 자연 자원의 낭비를 줄이고 환경 파괴를 최소화하는 데 도움을 줍니다. 또한 '알도'는 친환경 포장을 도입하여 제품 포장 과정에서 발생할 수 있는 환경적 영향을 줄이고 있습니다. 이 같은 노력은 소비자들에게 긍정적인 메시지를 전달하며 환경을 생각하는 기업 이미지를 구축합니다. 결과적으로, '알도'와 같은 기업들은 지속 가능한 제품 개발을 통해 환경적 책임을 다하고, 소비자들의 신뢰를 얻으며 시장에서의 경쟁력을 강화할 수 있습니다. 이는 지속 가능한 경영이 기업의 성공과 직결될 수 있음을 보여줍니다.

셋째, '커뮤니티와의 연결'을 강화하는 것도 중요합니다. 기업이 지역 사회와의 연결을 강화하는 것은 사회적 책임을 다하는 중요한 방법의 하나입니다. 이러한 연결은 환경 보호, 교육 지원, 사회적 약자 돕기 등 다양한 방식으로 이루어질 수 있습니다. '스타벅스'는 이런 연결을 강화하는 대표적인 기업으로 지속 가능한 커피 재배 방식을 지원함으로써 환경 보호에 기여하고 있습니다. 또한 재사용할 수 있는 컵 사용을 장려하는 캠페인을 통해 일회용품 사용 감소에 앞장서고 있습니다. 이와 같은 활동들을 통해 스타벅스는 지역 사회뿐만 아니라 전 세계적으로 환경 보호의 중요성을 알리고 있습니다. 기업과 커뮤니티가 협력함으로써 더 큰 사회적 가치를 창출할 수 있으며 기업 이미지 개선에도 긍정적인 영향을 미칩니다. 결국 이런 노력은 기업의 지속 가능한 성장을 도모하고, 사회 전체에 긍정적인 변화를 불러올 수 있습니다. 이처럼 '스타벅스'는 커뮤니티와의 연결을 통해 환경 보호에 기여하며 사회적 책임을 실천하는 모범 사례로 평가받고 있습니다.

이렇게 지속 가능성을 마케팅 전략에 포함하는 것은 단순히 환경을 보호하는 것을 넘어 기업의 이미지를 개선하고, 소비자들과 더 깊은 연결을 만들어낼 기회입니다. 이러한 전략은 현대 소비자들의 가치관과 잘 맞아떨어지며 장기적으로 기업에 큰 이익을 가져다줄 수 있습니다.

이와 같은 전략은 일반인들이나 다른 분야에서 활동하는 사람들에게도 영감을 줄 수 있습니다. 우리가 모두 지속 가능성을 생각하며 소비하고 일상에서 실천할 때, 작은 변화들이 모여 큰 변화를 만들어낼 수 있습니다.

마케팅 불변의 법칙

초보자를 위한 마케팅 수업

초판 1쇄 발행 2024년 4월 20일
초판 2쇄 발행 2024년 6월 30일

지은이 백광석
펴낸이 백광석
펴낸곳 다온길

출판등록 2018년 10월 23일 제2018-000064호
전자우편 baik73@gmail.com

ISBN 979-11-6508-560-5 (13320)

잘못 만들어진 책은 구입하신 서점에서 교환해 드립니다.
책값은 뒤표지에 있습니다.